바보 엄마

가슴과 배로 낳은
여섯 아이,
눈물의 기도와 말씀으로
양육하기

바보 엄마

권미나 지음

규장

하나님께서
세상의 미련한 것들을 택하사
지혜 있는 자들을 부끄럽게 하려 하시고
세상의 약한 것들을 택하사
강한 것들을 부끄럽게 하려 하시며

고린도전서 1장 27절

이 땅의 모든 바보 엄마들에게 이 책을 바칩니다

순종과 말씀으로 키울 때 부어주신 지혜와 은혜

세상의 모든 것은 사전 교육이라는 것이 가능합니다. 상황에 따라 예행 연습도 할 수 있습니다. 그러나 엄마는 어느 날 어느 순간에 '되어 있는' 것입니다. 분명히 하나님의 축복이지만 당혹스러움을 부인할 수 없는 사실입니다. 그러나 권미나 사모님의 솔직한 고백은 세상의 모든 여인에게 하나님은 엄마가 될 수 있는 지혜와 은혜를 부어주신다는 믿음이 생기게 합니다.

적어도 성경대로 "너는 마음을 다하여 여호와를 신뢰하고 네 명철을 의지하지 말라 너는 범사에 그를 인정하라 그리하면 네 길을 지도하시리라"(잠 3:5,6)라는 말씀의 약속을 붙들고 내 지혜와 명철을 의지하지 않고 자녀를 허락하신 그분을 믿고 도우심을 구하면, 그 구하는 자들에게 하나님이 '엄마 되도록 하시는 은혜'를 부어주신다는 용기를 얻게 됩니다.

그래서 《바보 엄마》는 이런 분들에게 꼭 필요하다고 생각됩니다. 먼저, 엄마로서 자질이 부족하다고 생각하는 분들입니다. '바보 엄마'의 고백은 그들이 하나님으로 인해 소망과 희망을 갖게 할 것입니다. 그리고 순종을 머뭇거리고 있는 성도들입니다. 하나님께서 주시는 감동에 따지거나 묻지 않고, 때로는 고생스럽고 때로는 눈물의 길이라도 순종하며 나아가는 순진한 '바보 엄마'의 이야기는 각자에게 요구하시는 것에 단순하게 순종하며 나아가는 법을 알게 할 것입니다.

배로 낳고 가슴으로 낳은 여섯 자녀를 순종으로 말씀으로 키워온 감동의 스토리로 여러분을 초청합니다.

김종원 목사 | 경산중앙교회 담임

육아 현장을 전쟁터 아닌 소망과 기대의 장으로

친생자녀와 입양자녀 6남매의 엄마 권미나 사모님의 고백은 하나님 아버지의 마음을 깊이 묵상하게 합니다. 이 귀한 가정에 하나님이 맡겨주신 자녀들을 통해 주님은 어떤 계획들을 가지고 계셨을까요? 바로 그 질문이 이 책을 통해, 사모님의 삶을 통해, 그리고 가정을 통해 풀어집니다.

더불어 지금 우리의 자녀들이 내 소유가 아니라 주님의 실수 없으신 완전한 계획 가운데 맡겨주신 하나님의 기업이라는 사실을 깨닫게 되니 부모의 역할로서가 아닌 청지기로서의 겸손한 고백 또한 주님께 드리게 됩니다.

그리고 이 책이 가정들 곳곳에 하나님 아버지의 마음으로 흘러가서 육아의 현장이 날마다 치열한 전쟁터가 아닌 소망과 기대함의 마음들로 채워지길 함께 축복하며 기도합니다.

박요한 목사 | 홀트아동복지회 홍보대사

바보라서 하나님의 지혜를 빌려 키우는 현명한 엄마

역사상 가장 위대한 영국인으로 뽑혀서 영국인들의 가장 큰 존경과 사랑을 받고 있는 윈스턴 처칠은 영국에서 가장 성공한 수상이며, 노벨 문학상까지 받은 위인입니다. 이렇게 위대한 인물을 만든 사람은 과연 누구일까요?

많은 사람이 훌륭한 선생님들의 역할이 컸을 것으로 생각하고 그의 어린 시절부터 그를 가르쳤던 선생님들을 찾아 나섰습니다. 그러나 그를 위인으로 만들 만큼 큰 영향력을 끼친 선생님은 찾지 못하였고, 그 주인공을 다른 곳에서 찾게 되었는데 바로 그의 어머니였습니다.

저는 오늘 이처럼 고귀하고 아름답고 위대한 어머니 한 분을 추천합니다. 바로 '바보 엄마' 권미나 선교사입니다. 본인이 바보이기에 완전하신 하나님의 지혜를 빌려서 자녀들을 양육하는 현명한 어머니입니다. 이웃에서 가끔 보면서 6남매를 인자와 질서로 양육하는 모습에서 흔들림 없는 확고함과 강인함을 느끼곤 합니다.

또한 선교사님들을 돕는 MSM(Missionary Support Mission) 사역에 남편 황사무엘 선교사님의 동역자로 가정 사역의 모델이 되고 있습니다. 마지막으로, 책의 수입금을 미혼모와 어려운 환경의 엄마들을 위해서 전액 기부한다니 다른 사람을 배려할 줄 아는 넓고 순전한 그녀의 아량도 잔잔한 감동으로 울려옵니다.

아름다운 계획 위에 아름다운 결실들이 이어질 것에 더 많은 기대를 걸며, 권미나 선교사님의 《바보 엄마》를 여러분에게 추천합니다.

박철현 선교사 | GMS 증경 동남아 이슬람 지역대표

바보 엄마에서 사명자로, 엄마들을 향한 도전

오늘날 가정은 정말로 위기라는 말을 많이 듣습니다. 하지만 위기의 가정을 어떻게 극복해야 할지 그 방안이나 방법을 구체적으로 제시하는 분은 그리 많지 않습니다.

본서의 저자인 권미나 선교사님은 선교사의 아내이면서 선교사로, 여섯 아이의 엄마이지만 한 어머니의 자녀로 살아오면서 그동안의 고뇌와 아픔, 기쁨과 환희를 아주 실감나게 보여줍니다. 아내로, 어머니로, 자녀로서 겪은 모든 삶의 이야기보따리를 풀어놓으면서 바보 엄마이지만 사명자로 나아가는 모습을 보여주고 있습니다. 이 시대 엄마들을 향한 큰 도전이 아닐 수 없습니다.

저는 선교사님의 그러한 모습과 고백들이 이 책을 손에 잡은 엄마들로 하여금 그저 똑똑한 엄마가 되는 것이 아니라 정말 하나님만을 의지하는 바보 엄마로, 세상을 그리스도의 시선으로 바라보는 바보 엄마로, 자녀들에게 꿈과 희망을 심어주는 바보 엄마로 나아가도록, 그래서 이 땅의 모든 엄마들이 사명자인 바보 엄마로 나아가도록 큰 도전을 심어줄 것이라고 확신합니다.

엄마가 회복되면 가정이 회복되고, 가정이 회복되면 나라와 민족, 열방이 회복될 것이기에 오늘도 묵묵히 바보 엄마로 자리를 지키며 기도의 무릎을 꿇고 손을 모으는 모든 이 땅의 엄마들에게 이 책을 강력하게 추천하는 바입니다.

엄현목 목사 선민교회 담임

나의 편함보다 주님의 좁은 길을 택한 위대한 순종

먼저 하나님 안에서 참된 그리스도인의 모습으로 살고자 애쓰는 권미나 선교사의 삶의 글에 추천의 글을 쓰게 되어 무한 영광임을 고백합니다.

늘 부족한 나 자신임을 깨닫고 오직 주님만 의지하는 바보 엄마와 바보 가족의 모습을 들여다보며, 하나님께서 이렇게 순종하며 살아가는 주님의 자녀들을 지키고 보호하고 계심을 느낍니다.

바보 엄마 권미나 사모가 이렇게 살아갈 수 있는 가장 큰 원동력은 바로 남편이신 황사무엘 선교사의 적극적인 지지와 사랑이라는 것을, 부부의 사랑과 믿음과 존중이 이 가정을 믿음 안에서 모든 어려움을 이기며 잘 자라게 했다는 것을 책을 읽다 보면 알게 됩니다.

어떤 것 하나 쉽지 않은 길을 걸으면서 자신의 편함보다 주님이 원하시는 좁은 길을 선택하며 걷는 권미나 선교사 부부의 모습에서 순종의 위대함을 보게 되었습니다. 오직 말씀만 붙잡고 주님 의지하며 선교사를 돕는 선교사로, 생명을 살리는 일에 늘 열심인 황사무엘·권미나 선교사 부부의 삶의 지경이 얼마나 넓혀질지 기대가 되기도 합니다.

　세상을 살면서 쉬운 게 없음을 탄식하며, 왜 나만 힘든지, 왜 나만 주님이 응답하지 않는지, 왜 나만 고난이 있는지 의문과 어려움을 안고 사는 이 땅의 모든 그리스도인에게 이 책을 적극 추천합니다. 글을 한줄 한줄 읽다 보면 어느 틈에 책에 빠져 있는 내 모습을 보게 될 것이고 나도 이 책의 저자처럼 이겨낼 수 있구나, 내게도 주님이 함께하시는구나, 나도 할수 있구나 하는 자신감을 갖게 되실 것입니다.

주님께 순종하며 살아가는 권미나 선교사님 가정을 사랑하고 축복하고 응원합니다.

윤정희 │ 《하나님 땡큐》 저자

하나님께서 일하시는 자녀 양육의 체험 교과서

새벽 예배를 마치고 목양실로 들어와 권미나 사모님이 보내주신 원고를 읽기 시작했습니다. 잠깐만 살펴보고 나중에 정독하려 했는데, 그만 원고에 빠져 오전 내내 《바보 엄마》를 완독하고 말았습니다.

　저는 평소에도 권미나 사모님을 정말 존경하고 사랑하고 있으며,

제 아내와 함께 "도대체 권미나 사모님이 양육하는 아이들에게서 앞으로 어떤 인물들이 배출될까?" 하고 늘 감탄과 기대로 주목하고 있었는데, 이번에 《바보 엄마》를 읽고는 저의 기대가 반드시 현실이 될 것을 확신하게 되었습니다.

제가 아는 권미나 사모님은 진짜 '바보 엄마'입니다. 그래서 제가 교회에서 뵐 때마다 거의 매번 울고 있는 '울보 엄마'이기도 합니다. 웬 눈물이 그렇게 많은지, 언젠가는 사모님이 앉아서 울며 기도하던 자리에 가서, 아직도 그 자리에 촉촉이 남아 있을 눈물을 더듬어 만져보았습니다. 그리고 그 눈물을 두 손으로 쓸어 담듯 주님께 올려드리며, 시편 126편의 말씀이 실상이 되게 해달라고 기도를 드렸습니다.

분명히 권미나 사모님은 세상 방법으로 자녀를 양육하는 데는 바보 엄마입니다. 그러나 하나님의 방식으로는 자녀를 양육하는 데는 정말 탁월한 하늘의 지혜를 가진 엄마입니다.

세상에는 자녀 양육에 대한 전문적인 이론과 지식을 담은 책이 많이 있습니다. 그러나 권미나 사모의 《바보 엄마》는 엄마로서 직접 체험한, 하나님께서 일하시는 자녀 양육의 현장을 정직하고 진솔하게 엮어낸 체험 교과서입니다.

저는 "눈물을 흘리며 씨를 뿌리는 자는 기쁨으로 거두리로다 울며 씨를 뿌리러 나가는 자는 반드시 기쁨으로 그 곡식 단을 가지고 돌아오리로다"(시 126:5,6)라는 말씀이 권미나 사모님에게 반드시 실제적인 간증으로 허락될 것을 믿습니다.

자녀를 하나님께서 기뻐하실 이 시대의 존귀한 사람으로 양육하기를 소망하는 이 땅의 모든 크리스천 엄마들에게 《바보 엄마》를 적극 권해드립니다.

이충일 목사 | 말레이시아 KL중앙교회 담임

하나님께서 원하시는 양육을 위한 진정한 지혜

세 명의 자녀를 양육하는 워킹맘으로 자녀들이 커 갈수록 엄마로서의 자존감이 낮아져 있던 요즈음, 좋은 엄마가 되고자 세상의 지혜를 찾던 저에게 《바보 엄마》는 하나님께서 원하시는 진정한 좋은 엄마가 되기 위한 지혜를 깨닫게 해주었습니다.

자녀들을 위해 눈물로 기도하는 엄마, 하나님 말씀을 먹이기에 최선을 다하는 엄마, 자신의 잘못을 인정하고 자녀를 위해 진심으로 축복하는 엄마…. 자녀가 내 것이 아님을 깨닫게 하시고 더욱 성숙하게 하시는 하나님의 위대하신 사랑에 책을 읽는 동안 회개와 감사의 눈물이 멈추지 않았습니다.

입양을 통해 가슴으로 품은 자녀를 양육하면서 지혜가 필요한 어머니들, 기꺼이 엄마가 되기를 선택하였지만 어떻게 키워야 할지 몰라 고민하는 미혼의 어머니들, 하나님을 믿으면서도 세상의 지혜로 자녀를 양육하고 있는 어머니들에게 이 책을 추천합니다.

임선희 | 대한사회복지회 잉아터 원장

사명감과 순종이 전해주는 따뜻한 감동

이 책은 여섯 아이를 출산·입양하고 양육하는 과정 가운데 하나님께서 어떻게 함께하셨는지 자신의 경험을 진솔하게 나누는 한 엄마로서의 이야기를 담고 있습니다.

요즘은 대부분의 엄마들이 아이 둘을 출산하고 양육하는 것도 버거워하는 시대입니다. 그래서 저출산 문제가 우리 사회의 심각한 문제가 된 지 오래이고, 이 문제를 해결하기 위해 다양한 사회적 노력이 이루어지고 있지만 문제는 더욱 심각해지는 상황입니다.

이러한 시대에 하나님 말씀과 하나님이 주시는 감동에 순종하여 네 아이를 출산하고 두 아이를 입양하여 그리스도인 엄마로서의 사명감을 가지고 하나님의 사람으로 양육해가는 모습은 감동 그 자체입니다. 자신의 부족함과 연약함을 숨기지 않고 솔직하게 드러내는 모습, 자신의 부족함을 느낄수록 더욱 더 하나님을 의지하는 모습이 따뜻하고 인상적입니다.

저자는 자신의 육아 현장에 하나님께서 어떻게 역사하셨는지, 어떻게 힘과 소망을 주셨는지를 나눔으로써 그리스도인 엄마들을 사명자로 세우는 꿈을 꾸고 있습니다.

자녀를 양육하고 있는 그리스도인 가정과 미래에 가정을 이루려는 그리스도인들에게 이 책을 권합니다.

정규석 | 경성대학교 사회복지학과 교수

눈물과 기도로 맡긴 자녀를 하나님께서 키우신 이야기

삶은 매일의 사소한 일상이 쌓여서 인생이 되는데 10년 넘게 교제해 온 권미나 선교사님은 자녀 양육이라는 일상의 여정에서 6남매에게 사랑으로 부지런히 말씀을 먹이는 분입니다.

권미나 선교사님이 쓴 이 책은 안개같이 희미하고 막막할 때마다 "너희 자녀를 위해 울라" 하신 주님의 말씀을 의지하며 눈물로 기도하여, 구하고 찾고 두드리는 이에게 반드시 응답하시는 주님을 만난 이야기와 기도로 주님께 내어 맡긴 자녀들을 하나님께서 직접 키우시는 이야기로 가득합니다.

신혼 초부터 지금까지 자녀들을 양육해온 글들을 읽으면서 때로는 박장대소하며 웃기도 하고, 어떻게 이렇게까지 주님만 의지하고 동행하셨을까 하는 가슴 찡한 감동으로 눈물 흘리기도 하며, (또 한 명의 바보 엄마인) 나도 할 수 있겠다는 자신감과 용기와 강한 의지가 영혼 깊은 곳에서 솟아나는 기쁨의 시간이었습니다.

　　하나님께서 주신 자녀들을 어떻게 키워야 할지 진지하게 고민하는 이 땅의 많은 부모에게 이 책을 추천할 수 있어 너무나 기쁘게 생각하며, 이 책을 통해 많은 가정이 치유되고 회복되어 기쁨으로 자녀를 양육할 수 있기를 기대합니다.

최외숙 사모 | 대전 생명의빛교회

바보 엄마여서 행복합니다

첫째를 임신하고 배가 점점 불러오던 어느 날 오후, 저는 따사로운 햇살을 맞으며 동네 주변을 산책하고 있었습니다. 그날은 유난히 밝고 따뜻한 햇볕 속에서 주님을 더욱 느낄 수 있었습니다. 그렇게 주님과 함께 있는 듯한 시간을 보내다가 하늘을 보며 이런 고백을 올려드렸습니다.

"하나님, 제가 있잖아요, 배 속의 이 아이 태어나면 정말 잘 키워서 하나님이 쓰시기 편한 그릇으로 올려 드릴게요."

그런데 제가 이 약속을 지킬 수 없는 바보 엄마라는 것을 깨닫기까지는 그리 오랜 시간이 걸리지 않았습니다. 아이를 낳자마자 보아야 했던 저의 무지하기 짝이 없는 모습들, 어찌할 줄 몰라서 울고 또 울어야 했던 시간들, 엄마가 되기 전까지는 보지 못했던 저의 밑바닥 모습들….

비록 저는 무지하고, 약하고, 죄인 중의 괴수와 같은 엄마였지만 하나님만을 간절히 붙듦으로 절망의 노래로 끝나지 않고 희망과 소망을 노래하는 자가 되게 해주셨습니다. 또한, 비록 바보 엄마였지만 하나님께서 주시는 감동에 순종하며 한 걸음 한 걸음 따라오는 저에게 하나님은 그분의 지혜와 능력이 얼마나 크고 위대하신지를 보여주셨습니다.

하나님께서 제게 책을 쓰라는 감동을 주셔서 쓰기 시작했을 때, 저는 저의 못남을 감추고 싶지 않았습니다. 오히려 저의 치부를 다 드러내고 싶었습니다. 제가 이런 자임에도 불구하고 하나님께서 베푸신 은혜들을 간증하고 싶었습니다. 그래야 지금도 바보 엄마 된 자신의 모습으로 신음하고 울며 절망하는 엄마들을 일으키고 살릴 수 있으리라고 생각했기 때문입니다.

'나보다 더 모르는 엄마도 있네?'

'이런 엄마가 어떻게 여섯 아이를 키워왔을까?'

'나만 그런 게 아니었구나.'

비록 얼굴을 마주 대하고 만나는 게 아니라 글을 통한 만남이지만, 이 땅의 많은 바보 엄마들의 눈물을 닦아주고 싶었고, 안아주며 등을 토닥거려주고 싶었습니다. 우리를 돕기 원하시고, 우리를 통해 위대한 일을 하기 원하시는 하나님을 전해주고 싶었습니다.

책을 쓰라고 하시니 쓰긴 써야겠는데 책 쓰기에 대해서 배운 적도 없는 제가 막상 쓰려니 막막하기만 했습니다.

'하나님, 목차부터 써야 하지 않을까요? 어떻게 구성을 할까요?'

'하나님, 이 내용에는 정말 간절히 말하고 싶은 메시지를 담고 싶은데 꼭 도와주세요.'

그렇게 의지하고 도움을 요청할 데가 하나님밖에 없었던 저의 기도에 하나님은 늘 신실하게 응답하셨습니다. 글이 마무리되어 처음부터 다시 읽어보는데 제 안에서 이런 고백이 흘러나왔습니다.

'아, 이건 내가 쓴 게 아니야⋯. 하나님께서 내 손과 함께하셔서 이렇게 쓰이게 해주셨구나.'

이 책을 세상에 내보내며 저의 간절한 소망이 있습니다. 평범한 한 바보 엄마의 이야기를 통해서 '살아계신 하나님'을 모두가 만나고 다시 한번 소망의 끈으로 붙드는 시간이 되었으면 좋겠습니다. 각자의 삶 가운데서 어리석고, 나약하고, 추한 모든 모습 속에서도 하나님이 살아계시기에, 우리는 희망을 노래할 수 있음을 깨닫는 시간이 되었으면 좋겠습니다. 그리고 그 눈물과 절망의 자리에서 일어나, 이제는 또 다른 사람을 살려내는 사명자들로 온전히 세워지는 일들이 일어나길 기도합니다.

저는 제가 바보 엄마여서 감사합니다. 주님을 의지하지 않고서는 아무것도 할 수 없었던 삶 속에서, 주님을 찾을수록 그분의 탁월한 지혜를 맛볼 수 있어서 행복했습니다. 또한 하나님께서 베푸시는 기적들 속에서 그분을 더욱 놀랍게 경험할 수 있어서 행복했습니다. 그리고 이제는 그 좋으신 하나님을 세상 앞에 간증할 수 있는 삶이어서 더없이 감사합니다.

　바보 엄마의 삶을 살아오며 그토록 무수히 흘렸던 눈물의 시간들을 통해, 나처럼 울고 아파하는 사람들을 볼 수 있고 품을 수 있음에 감사합니다. 지금도 저는 눈물 없이는 예배드릴 수 없고, 눈물 없이는 기도할 수 없는 바보 엄마의 모습이 여전하지만, 이전보다 더욱 간절히, 더욱 강력하게 주님을 의지하고 붙드는 삶을 살고 싶습니다.

글을 마무리하며, 고마운 분들이 참 많이 계십니다. 무엇보다 아무 내세울 것 없는 저의 글이 세상에 나올 수 있도록 해주신 규장출판사 관계자분들에게 고개 숙여 감사드립니다.

　특히, 모르는 게 많은 저에게 늘 친절하게 조언하고 격려해주신 편집 팀장님과 부족한 글에 아름다운 옷을 입혀주신 디자이너들께 감사드립니다.

남편 잃고 자식 잃고 녹록지 않은 인생을 사셨지만 지금도 건강한 모습으로 계신 친정어머니께 감사합니다. 늘 아이들 키우는 고생스러운 모습만 보여드리다가 제가 쓴 책을 안겨드릴 수 있는 날이 와서 너무나 감사하고, 더 늦기 전에 예수님을 꼭 영접하실 수 있기를 지금도 눈물로 기도한다고 말씀드리고 싶습니다.

　그리고 고된 시집살이로 마음앓이 많이 하신 눈물 많은 인생이셨지만, 하나뿐인 며느리에게는 언제나 선대해주시는 시어머니께 감사하다는 말씀을 드리고 싶습니다.

　12살 차이나는 늦둥이 동생을 어릴 적부터 지금까지 작은 엄마처럼 챙겨주고 도와준 언니 권해수에게 늘 받기만 해서 미안하고, 그 사랑 늘 감사하게 생각하고 있다고 말해주고 싶습니다.

　저희 가정을 협력선교사로 후원해주시는 경산중앙교회, 서울 선민교회, 대구 예수영광교회, 부산 희망찬교회, 마산 서머나교회에 참으로 감사하고, 저희 가정을 늘 응원해주시고 기도와 물질로 후원해주시는 MSM 모든 후원자분들에게 가슴 깊이 감사드립니다. 또한 생각지도 못했던 은혜의 통로, KL중앙교회 담임목사님과 사모님, 그리고 지금까지 여러 모양으로 저희 가정을 섬겨주신 모든 성도님께 고개 숙여 감사드립니다. 또한 다 말씀드리지는 못해도, 책 출판을 위해 기도하고 응원해주신 모든 분에게 감사의 인사를 전하고 싶습니다.

지금까지 아이들을 키워오면서 넘어지고 쓰러질 때마다 "당신은 천만인의 어미가 될 거야!", "당신은 나보다 더 큰 일을 할 사람이야!"라고 말해주고, 울고 있는 저를 위해 수많은 설교로 늘 저를 일으켜준 제 생애 최고의 멘토, 남편 황사무엘 선교사와 이 출판의 기쁨을 함께하고 싶습니다.

그리고 나의 사랑, 나의 눈물, 나의 기쁨인 세이, 조이, 태이, 로이, 예이, 제이에게 못난 엄마를 늘 용서해주어서 너무 고맙다고, 지지고 볶고 해도 너희들의 엄마로 사는 삶이 제일 행복하다고 말해주고 싶습니다.

끝으로, 저를 통해 이 시대 가운데 말씀하시고 싶으셨던 하나님의 절절한 마음이 전해지길 소망하며 이 책의 주 저자이신 하나님께만 모든 영광 올려드립니다!

이 땅의 모든 바보 엄마들의 위로가 되고 싶은

권미나 올림

1장

정말 몰랐다
바보 엄마는

새벽 3시에 찾은 신생아실

"무슨 일로 이 새벽에 오셨어요?"

"아기가 울음을 멈추질 않아요. 아무리 해도 달래지지가 않고 어떻게 해야 할지 몰라서 왔어요."

간호사는 나와 친정어머니를 한 번씩 번갈아 쳐다보더니 분유가 담긴 젖병을 세이에게 물렸다. 그러자 세이는 '바로 이거였어'라는 듯이 정신없이 먹기 시작했다.

"아기가 배가 많이 고팠던 것 같은데요?"

"……"

"아기가 하루 종일 뭘 먹었죠?"

"제 모유요."

"엄마 젖양이 얼마나 되는지 한번 봐요."

간호사가 유축기로 젖을 짜주었는데 내 젖양은 젖병 밑바닥도 채우지 못하는 정도였다.

"엄마, 이 정도의 젖양으로 계속 젖만 물렸던 거예요?"

"네…"

"집에 분유와 젖병은 있어요?"

"아니요…"

뭐 이런 엄마가 다 있냐는 듯이 쳐다보더니 앞으로 이래서 애를 어떻게 키우겠냐는 불쌍한 눈빛으로 나에게 말했다.

"오늘 밤은 넘길 수 있도록 분유와 젖병을 드릴게요. 내일 날이 밝으면 더 사서 젖양이 많아질 때까지 보충해서 같이 먹이세요. 애 고생시키지 말고."

"네…, 감사합니다"

바보 엄마와 바보 엄마의 엄마는 그렇게 젖병 하나를 얻어서 집으로 돌아왔다.

26세 꽃다운 나이, 나는 총신대학교 신대원 2학년생이던 전도사와 결혼했다. 우리는 같은 대학교 SFC(Student For Christ, 학생신앙운동) 선후배 사이였고 3년의 교제 끝에 2007년 8월 유난히 뜨거웠던 여름날, 결혼식을 올렸다. 그 후, 한 달 만에 나는 임신이 되어 다음 해 여름에 첫째를 낳았다.

산후조리를 위해 대구 집에서 부산 친정으로 갔다. 출산 준비를 위해 내가 준비한 것은 배냇저고리 몇 벌과 속싸개, 천 기저귀와 종이 기저귀, 물티슈 외 주변에서 얻은 몇 가지가 거의 전부였다. 무엇이 필요할까 생각했을 때, 아기가 울면 자연스럽게 젖을 물리는 나와 배부르게 젖을 먹고 평화롭게 잠든 아기를 상상했기에 젖병과 분유는 필요한 준비물이 아니었다.

첫아기 세이를 자연분만으로 무사히 낳고, 2박 3일의 입원 기간이 끝나고 친정집으로 왔다. 퇴원해서 집에 온 그날 오전부터 오후, 저녁 내내 30분에서 1시간 간격으로, 아니 아기가 울 때마다 나는 젖을 물렸다. 친정어머니도 기저귀가 아니면 배가 고픈 거라며 젖을 물리라고 하셨다.

그렇게 그날을 보내고 새벽 2시가 되었는데 세이가 이젠 도저히 못 참겠다는 듯이 울기 시작했다. 이제는 젖도 거부하고, 누가 안아주고 얼러줘도 울음을 그칠 생각이 없는 듯했다. 조금씩 나는 겁에 질린 사람처럼 그런 아기를 보는 게 무섭기까지 했고, 친정어머니 역시 자신이 없어 보였다.

이러다가 큰일 나는 것 아닌가 하는 생각이 들자 나는 "엄마, 병원 가야겠어. 우린 못 해. 세이 큰일 나겠어!"라고 소리쳤고 어머니도 부랴부랴 챙겨서 새벽 3시에 택시를 잡아타고 세이를 출산했던 일신기독병원으로 향했던 것이다.

곧장 신생아실로 달려갔는데 간호사의 처방은 배불리 먹을 수 있는 분유가 담긴 젖병이었다. 그리고 아기가 모유가 부족해서 그

런지 얼굴에 황달이 있는 것 같다고 다음날 황달 검사하러 오라고
했다.

그렇게 젖병 한 개를 받아서 다시 집으로 돌아오는데 나에게 생
각나는 한 장면이 있었다. 내가 첫 생리를 시작했을 때 어머니는 나
를 데리고 동네 큰 수퍼마켓에 가서 특대형 기저귀를 사시고는 이
걸 차라고 하셨다. 어머니는 아무것도 모르셨다. 생리를 시작한 딸
에게 사줘야 할 것은 기저귀가 아니라 생리대라는 것을 모르셨다.
바보 엄마의 그 딸도 아무것도 몰랐고, 시간이 지나서야 생리대가
있다는 것을 눈치로 알게 되었다.

그날 그렇게 서로 아무 말 없이 기저귀가 든 비닐봉지를 들고
집으로 돌아왔던 바보 엄마와 바보 엄마의 딸은 십여 년이 지난
후 아기를 어떻게 키울지 몰랐고 젖병 한 개를 받아서 집으로 돌
아왔다.

간호사의 말대로 그다음 날 다시 병원을 찾았고, 세이는 황달 수
치가 높아서 바로 입원 치료를 받게 되었다. 눈만 가리고 광선치료를
받고 있는 세이를 보니 너무 마음이 아파서 엉엉 울 수밖에 없었다.

'엄마가 너무 몰라서 널 이렇게 고생시키는구나. 정말 미안해….'

나의 무지와 나의 미안함과 상관없이 하나님의 은혜는 신실해서
세이는 더욱 건강해져서 무사히 퇴원했다. 퇴원한 세이에게 젖몸살
로 고생했던 젖을 먹였는데 빨기를 거부하고 그 이후에도 젖을 거
부하는 일이 많았다. 젖을 물리다 울면 분유를 주고, 그러기를 반

복하던 그때 눈물로 부르던 찬양이 있었다.

전능하신 나의 주 하나님은
능치 못하실 일 전혀 없네
우리의 모든 간구도 우리의 모든 생각도
우리의 모든 꿈과 모든 소망도

신실하신 나의 주 하나님은
우리의 모든 괴로움 바꿀 수 있네
불가능한 일 행하시고 죽은 자를 일으키시니
그를 이길 자 아무도 없네

주의 말씀 의지하여 깊은 곳에 그물 던져
오늘 그가 놀라운 일을 이루시는 것 보라
주의 말씀 의지하여 믿음으로 그물 던져
믿는 자에겐 능치 못함 없네

이 찬양을 부르면서 주님께 눈물로 기도드렸다.

"하나님, 저희 80만 원 사례비로 생활하는 거 아시죠? 세이가 젖을 먹으면 분윳값 하나도 안 들이고 아기 키울 수 있어요. 그리고 제가 잘은 모르지만 모유가 아기한테도 제일 좋대요. 하나님 도와주세요. 제 젖양도 세이가 풍족히 먹을 만큼 많아지게 해주시고 세이도 젖을 거부하지 않고 잘 먹게 해주세요."

젊은 바보 엄마가 눈물을 흘리며 이 찬양을 믿음으로 고백하고 기도하는 것을 보신 하나님은 나를 그냥 버려두지 않으셨다. 지금은 태국 선교사로 가셨지만, 그 당시 함께 부교역자로 계시던 강 사모님을 천사로 붙여주셨다.

사모님은 거의 매일같이 부산에 있는 나에게 전화를 해주시고 "사모님, 오늘은 어떠세요? 젖양은 좀 늘었어요? 세이는 먹으려고 해요?"라고 물으셨다. 나의 대답에 따라 "젖 먹기 싫다고 울어도 조금 더 시도해보고 도저히 안 될 때만 분유를 주세요", "오늘은 스푼으로 떠서 분유를 먹여보세요", "분유를 주는 횟수를 조금씩 더 줄여보세요" 이렇듯 매일 통화를 하며 나를 도와주셨다. 하나님과 사모님의 합동작전은 대성공이었고 나는 한 달 만에 젖병도 필요 없고 분윳값 걱정도 없이 완전 모유 수유를 할 수 있었다.

시간이 많이 지났지만 사모님께 말씀드리고 싶다.

"사모님, 그때 정말 감사했어요. 사모님이 매일같이 전화하고 조언해주지 않으셨다면 모유를 먹이지 못했을 거예요. 사모님도 어린 아이를 키우고 있던 힘든 상황이셨는데 제게 베풀어주신 따뜻한 관심과 조언, 저도 앞으로 더욱 저와 같은 바보 엄마들을 돕고 살리는 데 꼭 흘려보내겠습니다."

혼자서는 못 키워요

부산 친정집에서 한 달간 산후조리를 하고 남편이 있는 대구 집으로 왔다. 친정어머니는 나를 혼자 놔두고 가기가 마음이 편치 않으셨는지 좀 더 도와주겠다고 하셨다. 감사하게도 세이는 잘 먹고 잘 자는 순둥이였다. 그런데 예상치 못했던 일이 벌어졌다. 그것은 바로 영아 산통(infantile colic)이었다.

처음에는 영아 산통이 뭔지도 몰랐다. 그런데 세이가 50일 지난 어느 날부터 오후 5시쯤만 되면 어디에 찔린 것같이 아주 고통스럽게, 당장이라도 아파서 죽을 것처럼 악을 쓰면서 울기 시작했다. 적게는 1시간, 많게는 2시간 넘게 쉬지 않고 울었다. 그렇게 울다가 지쳐서 잠이 들면 하루가 마무리되었다. 오후 5시가 되어 울기 시작하면 젖을 물려도 안 되고, 안고 돌아다녀도 소용이 없었다.

그날도 오후 5시가 넘어 영아 산통이 시작되었고, 미친 듯이 우는 세이를 붙잡고 있는데 하염없이 눈물만 나왔다. 어떻게 해도 아기가 울음을 그치지 않아서 나는 달래는 것도 아니고 그냥 말 그대로 아이를 붙잡고만 있었다.

자기 울음을 다 채워야 끝나는 것처럼 발악을 하며 우는 세이를 보면서 내 아이가 왜 이러는지, 왜 이래야만 되는지 이유도 알 수 없고 아무것도 해줄 수 없는 나 자신을 보게 되었다. 그때 나는 육아의 자신감을 모두 잃어버렸다.

고통스럽게 우는 아이를 달랠 수도 없고, 나의 달램을 거부하는 듯한 아이를 보며 앞으로 이 아이를 키울 수 없을 것 같다는 두려움에 휩싸여 그 후로 나는 겁에 질린 엄마가 되었다. 아이가 울면 뭘 어떻게 해야 할지 몰라서 두 손을 휘저으며 벌벌 떨고 있었다.

친정어머니가 "배고픈가 보다" 하시면 젖을 물리고, 나머지는 거의 친정어머니가 다 해주셨다. 남편도 신대원 학생이어서 금요일에 내려오고 월요일에는 다시 올라가야 하는 주말부부의 상황이었다. 그래서 평일에 밤낮 혼자서 세이를 돌본다는 건 상상할 수도 없는 일이었다. 어머니도 딸이 아이를 낳았는데 아이가 울어도 겁만 내며 어찌할 바를 모르니 당신의 집으로 돌아가실 수도 없고 어른 두 명이 하루 종일 아이 한 명을 돌보는 이런 날들이 계속되었다.

어느 날 어머니가 귀가 많이 아파서 병원을 갔다 와야겠다고 하셨다. 어머니가 아프다고 하실 정도면 이미 오래전부터 많이 참다 참다 이젠 안 될 것 같으니 병원을 가겠다고 하시는 것인데 혼자 빨리 갔다 오겠다고 나서려는 어머니를 보내드릴 수 없었다. 그 잠깐도 불안한 마음이 들어 따라가겠다고 했고, 어머니는 손자를 업고 딸을 데리고 병원을 갔다 오셔야만 했다.

시간이 많이 지난 일이지만 지금도 그때를 생각하면 눈물이 난다. 몸조리까지 해줬고 이제 딸이 혼자서 아들 한 명 일도 없이 잘 키우고, 당신은 집으로 가서서 편히 지내시고 치료받을 것 있으면 참지 말고 치료받으면 될 일을, 아이 한 명도 못 키워서 어쩔 줄 몰라 하며 벌벌 떠는 딸을 보는 어머니의 마음은 어땠을까? 그 잠깐도 혼자서 못 보겠다고 아이를 데리고 따라나서는 딸을 보는 어머니의 마음은 어땠을까?

어머니를 보내드리지 못하고 함께 세이 키우기를 6개월. 그 6개월이 지난 어느 날 어머니가 심장이 멎는 것 같은 말씀을 하셨다.

"나는 이제 가야겠다. 황서방 학업도 마치고 이제 학교 안 올라가도 되니 둘이서 어떻게 해봐라. 나는 할 만큼 했다."

그러고는 정말로 부산 집으로 내려가셨다. 마음을 단단히 먹으신 것 같았다. 이젠 세이가 6개월 넘어가니 혼자 앉아서 놀기도 하고 좀 수월해진 것 같기도 해서 혼자 키워보겠다고 나도 마음을 단단히 먹었다.

내려가시기 전에 마지막으로 육아의 비법을 전수해주셨다.

"아기는 잘 자야 잘 노는 거다. 푹 잘 자야 잘 안 울고 잘 노니, 어쨌든지 잠을 푹 잘 자게 해야 된다."

어머니가 가신 후, 머릿속에 늘 생각했다.

'아기는 잘 자야 잘 논다.'

그래서 세이가 아기 때는 업어서 재우고 난 후, 깰까 봐 눕히지 못하고 업은 채로 2시간 정도는 있었던 것 같다. 업은 채로 밥 먹고, 업은 채로 책 보고, 업은 채로 집안일하고, 업은 채로 화장실 가는 게 일상이었다. 허리가 아파서 조심스럽게 눕혔는데 깨면 바로 젖을 물리거나 다시 업어 재우면서 점점 '자다 깬 아이 다시 재우기'

가 주특기가 되었다.

그리고 아이를 업고 혼자만의 '눈물의 부흥회'를 많이 가졌다. 찬양으로 나의 고백을 올려드리며 주님을 의지했다. 아이를 낳긴 했지만, 어떻게 키울지 몰라서 요령도 없이 이러고 있는 나를 불쌍히 여겨주시길 기도했다. 그 시간들을 통해 하나님은 나를 만지셨다. 두려운 마음은 거두어 가시고 강하고 담대한 마음을 불어넣어 주셨고, 어찌할 바를 모르고 지혜가 없던 나에게 아이를 키워가는 지혜도 부어주셨다.

작년에 여섯 아이를 데리고 한국에 갔을 때, 어머니가 나와 여섯 아이를 보시며 이렇게 말씀하셨다.

"위에 큰 애들 셋에다가 밑에 연년생 셋을 혼자서 어떻게 키웠을꼬."

그때 바로 말씀드리지 못했지만 이렇게 외치고 싶었다.

"어머니, 어머니도 아시겠지만 한 명도 못 키워서 벌벌 떨던 저를 하나님이 여섯 아이도 거뜬히 키우는 엄마가 되게 해주셨어요! 때마다 감동을 주시고 그 감동대로 낳고 입양하고를 반복하며 여섯 아이를 품게 해주셨어요! 키우기 너무 힘들고 어려워 울고 있을 때, 그런 저를 내버려두지 않으시고 담대하고 강한 마음도 불어넣어 주시고, 지혜도 주시고, 사람들의 도움도 받게 해주시고, 버티고 견딜 힘도 주셨어요! 하나님이 도와주시고, 또 도와주시니 이렇게 여섯 아이를 키워낼 수 있었어요!"라고.

세상에서 가장 위대한 일

남편이 신학대학원 3학년 여름방학 때 첫째 세이가 태어났다. 아기가 태어나고도 월요일이면 양지 캠퍼스로 올라갔다가 금요일이면 대구 집으로 내려오는 주말 부부를 한 학기 더 해야 했는데 남편은 학교에 올라갈 때마다 세이를 돌보고 있는 나에게 늘 똑같은 말을 하곤 했다.

"당신은 지금 세상에서 가장 위대한 일을 하고 있어!"

학교에서 돌아와서도 아이를 돌보고 있는 나를 향해 또 "당신은 지금 세상에서 가장 위대한 일을 하고 있어!"라고 말했다. 처음에는 아무 대꾸 없이 그냥 무덤덤하게 그 말을 듣곤 했는데, 그날도 변함없이(?) 남편이 그 말을 해주고 돌아서서 문을 나가려고 하는 순간, 나는 너무 화가 치밀어서 남편에게 이렇게 쏘아붙였다.

"위대해? 가장 위대해? 뭐가 위대해? 지금 내 모습 좀 보라고요. 머리는 언제 감았는지 모르겠고, 온몸에는 젖 냄새가 진동하고, 밤에도 아기를 돌보느라 피곤에 절어 있는 날 보라고. 그렇게 위대한 일이면 당신이 해! 내가 학교 가서 공부하고 설교하고 사역할 테니!"

씩씩대고 있는 나에게 남편은 "그래도 당신은 지금 세상에서 가장 위대한 일을 하고 있어"라는 말을 남기고 학교로 올라갔다.

그렇게 남편이 가고 난 후, 처음에는 화가 나기도 하고 27살 꽃다운 나이에 집에만 처박혀있는 내 모습이 처량하기도 해서 자기연민에 빠져 눈물만 흘리고 있었다. 사실 아이를 키우면서 해가 지면 눈물이 주르륵 흐르곤 했다.

밖을 보며 새가 되어 훨훨 날아가고 싶다는 생각을 많이 했다. 훨훨 날아 어머니에게 가서 엄마가 해주는 따뜻한 밥 먹고 싶었고, 또 훨훨 날아 친구들 만나서 실컷 수다도 떨고, 코로 들어가는지 입으로 들어가는지 모르는 그런 식사 말고 그동안 먹고 싶었던 것 편히 먹고 싶었다.

그런 눈물이 있는 내 삶을 향해 남편은 계속해서 "아기를 키우는 지금이 세상에서 가장 위대한 순간"이라고 하니 처음에는 전혀 수긍이 되지 않고 화만 났었다.

이런 생각을 하나님께서 만지기 시작하셨다. 어느 날 방을 닦고 있는데, 세이의 엄마는 지구상에서 오직 나만이 할 수 있는 일이라는 생각이 들었다.

대학원을 졸업하고 곧바로 결혼한 내가 박사과정까지 밟아 시간강사를 하거나 교수가 될 수도 있겠지만, 아니면 기관에 취직해서 경력을 쌓을 수도 있겠지만 그 모든 일은 내가 아니어도 할 사람이 많다. 하지만 세이의 엄마는 다른 사람이 할 수도 없고 해줄 수도 없고 나만이 할 수 있다.

이런 생각이 들 즈음, 앤서니 브라운의 《우리 엄마》(My mom, 웅진주니어)라는 책을 읽게 되었다. 책 내용 중에 이런 내용이 있었다.

우리 엄마는 무용수가 되거나

우주 비행사가 될 수도 있었어요.

어쩌면 영화배우나 사장이 될 수도 있었고요.

하지만 우리 엄마가 되었죠.

그리고 이 책은 그런 엄마를 사랑한다는 고백으로 끝이 났다. 이 책을 세이에게 읽어주는데 너무 눈물이 났다. 내 마음을 알아주는 듯한 작가의 글이 너무나 따뜻해서….

첫째와 둘째를 출산한 후 하나님께서 주시는 감동에 따라 셋째를 입양하고, 넷째를 출산하고 다섯째를 입양하고 여섯째를 출산하면서 지금까지 여섯 아이를 키운 것이 얼마나 위대한 일이었는지를 더욱 절실히 깨닫게 해주셨다.

특히, 가슴으로 낳은 태이와 예이를 생각하면 온몸에 전율을 느낀다. 태이와 예이가 우리 가정에 오지 않았다면, 우리가 키우지 않았다면 어떻게 되었을까. 물론 다른 건강한 가정에 입양됐을 수도 있겠지만 '그러지 못하고 시설이나 해외로 보내졌다면'이라고 가정해볼 때 태이와 예이의 삶이 180도로 바뀌는 어마어마한 일이다.

부족하고 연약한 내가 온 세상을 바꾸진 못하지만, 한 아이의 인생을 바꿀만한 일을 할 수 있다는 것이 엄마로서 얼마나 감격스러운지 모른다. 지금도 가끔 이 두 아이가 깔깔 웃으며 좋아서 어쩔 줄 몰라 할 때 눈물이 쏟아지려고 할 때가 한두 번이 아니다. 지난

날의 눈물, 힘듦은 다 날아가고 가슴이 터질 듯한 이 위대한 순간을 만끽하게 된다.

그리고 내가 낳은 네 명의 아이들, 시대는 점점 아이를 낳으려고 하지 않는데 나 역시도 낳지 않았다면 이 땅에 없을 존재들, 뜨겁게 예배드리고 말씀을 암송하며 선포하는 이 아이들을 볼 때마다 주님이 사용하실 일꾼들을 낳고 키우는 이 일이 얼마나 위대한 일인지 더욱 깨닫게 된다.

나는 정말 몰랐다

신혼 초, 빨래통에 빨래가 쌓여가던 어느 날 남편이 내게 말했다.

"여보, 빨래 좀 돌리지?"

"빨래 어떻게 하지요? 난 잘 모르는데."

26살에 결혼할 때까지 나의 모든 빨래는 어머니가 손빨래를 해주셨다. 집에 세탁기가 있긴 했지만 오래된 데다 수압이 약해서 사용하기가 불편하셨던 어머니는 손으로 빨래를 하시고 마지막 탈수만 세탁기로 하곤 하셨다. 그렇게 어머니가 모든 것을 다 해주시다 보니 세탁기 돌리는 것도 안 해봤고 쌓여있는 빨래를 어떻게 해야할지 순간 막막했다.

"어떻게 하긴. 그냥 다 넣고 세제 넣고 전원 누르면 되지."

"아하? 네, 알겠어요."

남편이 가르쳐준 대로, 나는 빨래통에 있는 빨래와 바닥에 뒹굴고 있는 빨래를 모두 세탁기에 넣었다. 적당할 만큼의 세제를 넣고 전원을 누르니 이보다 더 쉬운 게 없었다.

그런데 문제는 세탁기가 다 돌아가고 난 후였다. 세탁을 마친 세탁기를 열어보니 가관이었다. 교회 집사님이 남편에게 선물로 주신, 30만 원이 넘는다던 아디다스 오리털 파카는 털이 다 빠져서 엉망이 되었고, 넥타이는 다 터져 있었다(그래도 남편이 양가죽이라고 하던 가죽점퍼는 감사하게도 원래의 모습을 잃지 않고 있었다).

남편에게 혼날 것 같아서 하루 종일 마음을 졸이며 남편을 기다리고 있었다.

"여보, 갔다 왔어."

"여보, 당신 말대로 그냥 다 세탁기에 넣고 돌렸는데 이렇게 됐어요."

"아니, 이게 왜 이래? 세상에 오리털 파카랑 넥타이, 가죽 점퍼까지 세탁기에 그대로 넣고 돌리는 여자가 어딨어?"

"난 당신이 그냥 다 넣고 돌리면 된다 하길래…."

"어유, 이게 얼마짜린데…. 얼마나 좋은 건데…."

남편은 그날 이후로도 몇 번이나 오리털 파카가 세탁기에서 최후를 맞이한 것을 아까워하고 또 아까워했다. 그때마다 난 같은 말만 반복했다.

"당신이 그냥 다 넣고 돌리면 된다 하길래….”

지금 생각해보면 어떻게 몰라도 그렇게 몰랐을까 싶다. 그런데 사실 나는 자라면서 모르는 게 많았다. 나는 첫째 오빠와는 15살, 둘째 언니와는 12살 터울이 지는 늦둥이였고 부모님 두 분 다 초등학교 문 앞에도 가보지 못한 무학력자이셨다.

나이 차이가 많이 나는 오빠와 언니는 각자의 삶으로 바쁘고 부모님도 늘 일하러 가서서 나는 혼자 있을 때가 많았다. 그리고 어머니는 본인도 시골에서 9남매의 막내로 태어나 초등학교도 다녀보지 못하고 그냥 눈치로 지금껏 살아오셨기 때문에 나를 양육하면서도 가르쳐주시고 그런 게 거의 없었다.

자라면서 속옷은 얼마 만에 갈아입어야 하는지 궁금해도 늘 그냥 머릿속으로 생각만 하고 있었는데, 중학생 때 학원에서 수학 선생님이 수업하시다가 팬티를 이틀 이상 입는 친구를 이해할 수 없다는 말씀을 하셨을 때에야 '아, 팬티는 하루씩 매일 갈아입어야 하는 거구나' 하고 알게 되었다.

남편의 옷을 어처구니없게 망가뜨린 일이나 속옷조차도 어떻게 갈아입어야 하는지 몰랐던 것이 바보 엄마의 시작이었을까? 아이를 낳고 키우면서도 나는 모르는 것이 너무도 많았다.

첫째 세이를 키울 때는 내복과 외출복의 개념이 없었다. 7월에 태어난 세이에게 초겨울이 될 때까지 나는 교회 갈 때나 외출할 때 거의 사람들에게 선물 받은 내복을 입혔다.

날씨가 쌀쌀해져서 내복 위에 뭔가를 더 입어야 할 때까지 그걸 몰랐던 것 같다. 지금 생각해보면 누가 봐도 내복인 옷들을 그렇게 입혀 다닌 것이 부끄러워질 때가 있다.

이런 나에게 육아용품에 대한 지식은 더더욱 없었다. 어느 사모 님이 "이제 치발기가 필요할 때가 된 것 같아요. 우리 아이 쓰던 건 데 깨끗해요" 하면서 치발기(齒發器)를 주시길래 '아, 이런 것도 필 요하구나' 하고 알게 되었을 정도이다.

같이 아기를 키우는 사모님들이나 집사님들을 옆에서 보면서 '와, 저런 걸 어떻게 다 알고 사시지?'라고 늘 궁금해했다. 그때나 지금이나 나는 검색하는 것이 서툰 엄마이다.

바보 엄마의 절정은 첫째부터 여섯째까지 키우면서도 이유식이 나 대소변 훈련, 한글 떼기 등 아이들의 발달 시기에 따라 해야 하 는 것들이 닥칠 때마다 "어떻게 했더라?" 하면서 아무것도 모른다 는 것이다.

특히, 막내인 여섯째의 이유식이나 대소변 훈련을 시작해야 할 때가 되었는데 지금까지 다섯 아이를 해냈는데도 어떻게 했는지 잘 모르겠고 자신이 없었다. 그러면 나는 일단 울며 기도부터 하기 시 작했다.

"하나님, 영유아검진을 갔더니 의사 선생님이 이유식을 빨리 시 작하랍니다. 어떻게 하지요? 제 마음이 뭔가 모르게 두렵고 어떻게 해야 할지 막막합니다. 그리고 잘 해낼 수 있을지 자신도 없고요.

하나님, 제가 해낼 수 있는 담대함과 강한 마음을 주시고 하나하나 잘 배우고 습득할 수 있는 지혜를 주세요."

"하나님, 이제 기저귀를 뗄 시기가 된 것 같습니다. 또 어떻게 하지요? 뭐부터 시작해야 할지 모르겠습니다. 하나님, 도와주세요."

이렇듯 기도부터 하기 시작하면 하나님께서 이전에 했던 방법들도 생각나게 해주셨고, 주변에 아기 키우는 엄마들에게서 정보도 얻게 하셨고, 시작하고 진행할 수 있는 담대함도 주셨다. 그리고 대소변 훈련 같은 경우에는 여섯 아이 모두 거의 자기들이 알아서 뗀 것 같다.

얼마 전, 친한 사모님과 통화를 하며 아이들의 교육, 진로 등에 대해서 얘기를 하던 중에 사모님이 이런 말씀을 하셨다.

"사모님이나 나나 인터넷으로 뭐 검색하고 이런 것보다 1시간 울며 기도하는 게 편하고 쉬운 사람들이잖아."

사모님의 말씀이 맞았다. 정보력도 없고, 모르는 것도 너무 많은 나였지만 그 부족함 때문에 참 많이도 울며 기도했다. 인터넷을 검색하는 것보다 아이들의 주인 되신 하나님께 묻는 것이 더 쉬웠고 결과는 확실했다.

지금 생각해봐도 여섯 자녀의 엄마가 될 역량이 부족해도 너무 부족한 바보 엄마인 나에게 하나님은 어떻게 이 여섯 아이를 맡기셨을까?

우리 하나님이 참 좋으신 것은, 한 번도 나에게 왜 이리 모르냐,

매번 왜 이렇게 못 한다 하느냐고 질책하지 않으시고, 도와달라고 울 때마다, 모른다고 가르쳐달라고 할 때마다 외면하지 않으셨기 때문이다. 그럴 때마다 마음을 강하게 해주시고 힘을 주시고, 책을 통해서든 사람을 통해서든 인터넷을 통해서든 어떻게든 연결해주시고 알게 해주셨다.

무엇을 어떻게 먹여야 할까요?

결혼하기 전 나의 요리 실력은 라면 끓이거나 김치볶음밥 같은 아주 간단한 요리를 할 수 있는 정도였다. 그런데 결혼을 하고 나니 가장 힘들고 어려운 것이 식사 준비였다.

내가 어릴 적부터 어머니는 아버지와 함께 일하러 다니셨기 때문에 김치찌개를 한 솥 끓여놓고 나가시는 적이 많았다. 그 외에도 찌개나 반찬 한 가지 정도만 해놓고 나가시면 알아서 밥을 차려 먹어야 할 때가 많았다. 그래서 난 어려서부터 다양한 음식과 반찬을 접해보지 못했던 것 같다.

나는 김치찌개 하나로도 몇 끼를 해결할 수 있는데 남편은 아니었다. 시어머니의 음식 솜씨가 아주 좋으셨기에 남편의 입맛은 그야말로 고급이었다. 그래서 결혼 초기에는 이 먹는 문제로 남편과 싸운 적이 많았다.

아직도 생생하게 기억나는 일이 있는데, 나름대로 땀을 뻘뻘 흘려가며 요리를 해서 밥상을 차렸는데 남편이 내가 한 반찬에 손도 안 대고 그냥 밥 위주로만 식사를 마쳤다.

"어쩜 그럴 수 있어? 아내가 힘들게 요리한 반찬을 어떻게 손도 안 댈 수 있어? 정말 화가 나네. 어쩜 입맛이 그래? 앞으로 요리 안 해!"

정말 남편이 너무한다고 생각했고 씩씩거리며 화를 내는 날이 많았다. 그런데 이것도 하루 이틀이지, 안 먹는 남편만 탓할 수는 없었다. 거기다가 첫째 세이가 돌이 지나 같이 밥을 먹게 되니 세이에게도 엄마의 맛난 요리가 필요했다.

늘 김, 달걀, 생선구이 등 한 가지 반찬만 주기에는 아이가 자라고 있었고 다양한 음식을 원했다. 그리고 아이들이 한 명, 두 명 늘어갈수록 나에게 이 요리의 문제가 큰 짐으로 다가왔다. 더 이상 그 마음의 부담을 이기지 못하고 이 요리의 부분을 놓고 눈물까지 흘려가며 기도하기 시작했다.

"하나님, 저를 잘 아시지요? 전 어렸을 적부터 일하러 다니는 어머니 밑에서 다양한 음식을 접해보지 못해서 세상에 무슨 반찬이며 요리들이 있는지 알지도 못하고, 요리 솜씨도 없어서 맛나게 잘하지도 못해요. 그런데 남편과 아이들을 날마다 먹여야 하는데 이 문제가 제게 너무 힘들어요. 하나님, 도와주세요. 가족들을 맛나게 잘 먹일 수 있도록 지혜를 주세요."

먹이는 이 문제를 두고 참 많이 기도했던 것 같다. 나에게 절실한 기도 제목이었다. 늘 그렇지만 어떤 문제이든 어떤 어려움이든 하나님을 의지하며 눈물로 간구하는 엄마의 기도를 하나님은 외면치 않으셨다.

명절이나 시댁에 갈 때마다 시어머님이 요리하시는 것을 유심히 잘 보았고 또 묻기도 하면서 어머님이 하시는 것들을 익혔다. 그리고 주변 사모님들이나 집사님 댁에 가거나 해주시는 음식을 접하게 되면 어떻게 만드는지 자세히 여쭤보고 집에서 혼자 해보기도 했다. 첫째 세이가 9살이 될 때까지 홈스쿨을 했기에 삼시세끼를 계속 해먹이다 보니 요리 실력도 나날이 늘어갔다.

주부 11년 차, 말레이시아로 선교 나와서 선배 사모님에게 김치 담그는 것도 배워서 대가족 김치도 뚝딱 만들고 물김치며 장아찌도 쉽게 해낸다. 또 식사 초대를 해서 대접을 해드리면 맛있다고 요리 잘한다는 칭찬도 듣고 있다. 그럴 때마다 나는 요리를 너무 모르고 못해서 눈물로 많이 기도했다고 얘기하곤 한다.

시간이 지날수록 요리와 관련해서 눈물로 많이 기도했던 것이 참 잘했다는 생각이 많이 든다. 왜냐하면 따뜻한 밥상에는 보이지 않는 힘이 있고 능력이 있다는 것을 더욱 깨닫기 때문이다.

따뜻한 사랑과 위로를 전하는 엄마의 밥상

몇 년 전 《여자, 그리스도인으로 살아가기》(캐롤린 매허니, 지평서

원)라는 책을 읽다가 놀라운 사실을 발견했다. 아이들에게 엄마의 사랑을 느낄 때가 언제냐는 질문으로 설문조사를 했는데 1,2위가 '엄마가 맛있는 요리를 해주실 때', '엄마가 내가 좋아하는 간식을 만들어주실 때'로 모두 엄마의 요리와 관련된 내용이었다.

내가 생각했던 답이 아닌 것 같아 고개를 갸우뚱했지만 이내 나도 고개를 끄덕이게 되었다. 임신하고 입덧을 할 때나 육아가 너무 지치고 힘들 때면 엄마가 해주는 따뜻한 밥상이 늘 그리웠다. 딸이 맛있어하는 모습을 상상하며 딸이 좋아하는 반찬들로 차려준 엄마의 밥상…. 지금껏 살아가면서 생각나고 그리운 것은 아주 비싼 고급 레스토랑에서 먹었던 음식들이 아니라 소박하지만 날 위해 차려준 엄마의 밥상이었다.

어느 날 무슬림 사역하시는 선교사님 댁에 초대받은 적이 있는데, 사모님이 식탁에 여러 가지 색색의 야채와 고기 등으로 월남쌈을 준비해 놓으셨다. 식탁 위 작은 동그란 접시에는 물이 담겨 있었고 분홍빛 예쁜 꽃이 띄워져 있었다.

너무나도 예쁘게 잘 차려진 식탁을 보는데 왈칵 눈물이 나려고 했다. 사모님이 우리 부부를 위해 차려놓으신 그 식탁에서 뿜어져 나오는 정성과 사랑에 나는 눈물이 흘렀다. 그날, 육아에 지쳐 있던 나와 남편이 큰 위로를 받았다.

얼마 전, 저녁 메뉴로 갈치찌개를 끓였는데 처음으로 갈치찌개에 호박을 넣어봤다. 찌개 국물에 간이 잘 배어든 호박의 맛이 일품이었다. 원래 남편은 해산물을 좋아하는 사람이라 갈치찌개도 좋아하는 요리 중의 하나인데, 그날은 정말 보기에도 잘 먹더니 다 먹고 나서 이런 말을 했다.

"여보, 설교 한 편을 들은 것처럼 정말 잘 먹었어요."

지금까지 이런 감사 인사는 처음 들어봤다. 그날 놀라운 것을 깨달았다. 땀과 사랑을 담은 요리가 한 편의 설교에 비유될 수 있다는 것을.

늘 그런 것은 아니지만, 나는 요리를 하면서 종종 이렇게 기도하곤 한다.

"하나님, 맛있게 되게 해주세요. 가족들이 이것 먹고 힘을 낼 수 있도록, 주님의 위로가 부어지게 해주세요."

"오늘 초대한 손님이 이 음식을 드시고 힘을 내게 해주세요."

기도로 양념된 음식을 통해 몸이 허약한 이들에게는 강건케 하는 역사가, 마음이 상하고 지쳐 있는 사람에게는 위로와 힘을 주는 역사가 일어날 것이라고 나는 믿는다. 그래서 지금도 가족들을 먹이는 것과 관련해서 하나님을 의지하며 기도한다.

일주일 치 아침 식사, 점심 도시락, 간식, 저녁 식사 이렇게 매일 4번의 먹을 것을 챙기기 위해 식단을 짜고 그에 맞게 장을 보고 요리하는 이 일이 매번 쉽지는 않지만, 부활하신 후 디베랴 호수에 제자들을 찾아가서서 숯불에 떡과 생선을 굽고 제자들의 아침 식사를 준비해주신 예수님을 생각한다.

우리 주님도 그들의 배고픔을 체휼하며 식사를 챙겨주셨는데, 나도 예수님의 제자로 멋지게 자랄 우리 여섯 아이를 부지런히 잘 먹이고 싶다.

아이들을 키울수록 엄마라는 존재는 '먹이는 사람'이라는 생각을 많이 했다. 갓난아기 때부터 장성한 청년이 될 때까지 아이들은 먹으며 자란다. 잘 먹어야 잘 큰다. 아이들이 자라는 동안 엄마는 어제도 오늘도 내일도 먹여야 한다.

사실 일년 내내 더운 이 나라에서 매번 땀을 뻘뻘 흘려가며 요리를 하는 것은 쉬운 일이 아니다. 그리고 매번 보는 사람들이 혀를 내두를 정도로 많은 양의 식재료를 장 보는 일도 쉬운 일이 아니다. 또 지금도 아이들을 영양가 있게 어떻게 골고루 잘 먹일지 고민되고 어려울 때가 종종 있다.

그래서 지금도 이 먹이는 일에 아버지 하나님의 지혜가 필요하며 감당할 힘이 필요하다. 그러나 지난 시간을 통해 나는 이미 해답을 알고 있다. 하나님은 구하는 자에게 반드시 주신다는 것을.

너희 중에 누구든지 지혜가 부족하거든 모든 사람에게 후히 주시고 꾸짖지 아니하시는 하나님께 구하라 그리하면 주시리라 약 1:5

하나님, 한 번만 봐주세요

어느 날, 남편은 대구에서 사역하던 교회를 사임하고 '거장들의 학교' 김다윗 목사님과 대안학교를 시작해보겠다고 했다. 학교를 시작하기 전, 말씀암송캠프를 기획하고 전국을 돌며 홍보하는 일로 남편은 무척 바빴다.

그런데 어느 날, 생리가 끝난 지 2주 정도밖에 되지 않았는데 나는 다시 하혈을 하기 시작했다. 처음에는 '혼자서 애 둘을 본다고 피곤해서 생리도 빨리 시작되는가 보다' 하고 별로 대수롭지 않게 여겨졌다. 그런데 3, 4일이면 끝나야 할 생리가 끝나지 않고 하혈이 계속되었다.

생리와 다르게 양이 갈수록 많아졌다. 이상하다는 생각이 들긴 했지만, 남편은 너무도 바빴고 갓 돌 지난 둘째와 4살 된 첫째를 데리고 산부인과를 가는 것이 힘겹게만 느껴졌다. 그래도 뭔가 모르게 불안한 생각이 들어서 아이들을 재워놓고 나면 기도만 했다.

"하나님, 제가 이상해요. 일주일째 하혈을 하고 있는데 멈추질 않네요. 아이들을 데리고 병원 갈 엄두가 나지 않는데 한 번만 봐주세요. 뭐가 잘못됐는지, 큰일은 아닌지 한 번만 봐주세요."

그렇게 하나님께 한 번만 봐달라고, 뭐가 잘못됐는지 봐달라고 기도만 하는데 10일째가 되니 무서울 정도로 하혈의 양이 많아졌다. 계속 이렇게 있으면 안 된다는 마음을 주셔서, 아이돌보미를 신청해서 첫째를 돌보미 선생님께 부탁드리고 둘째는 재워놓고 빨리 갔다 오겠다고 말씀드리고 급히 산부인과로 갔다.

상황 설명을 듣고 몇 가지 검사를 해보신 의사 선생님은 자궁외 임신인 것 같다고 하셨다. 수정란이 자궁이 아닌 나팔관에 착상이 되어 착상된 것이 커지면서 나팔관이 터진 것 같으니 당장 바로 수술해서 한쪽 나팔관을 떼어내야 하고, 아니면 정말 위험할 수도 있다고 하셨다.

놀란 마음에 남편에게 먼저 전화를 했고, 친정어머니께도 전화를 드려서 지금 당장 전신마취로 수술을 해야 하고 3일 정도는 입원해야 한다고 말씀드리며 두 아이를 부탁드렸다.

수술 전, 의사 선생님께서 남편과 나에게 물으셨다.

"제가 보니, 아이가 둘이신데 이제 더 이상 자녀계획이 없으시다면 이번 복강경 수술하면서 임신이 안 되게 같이 수술할 수 있습니다. 그렇게 해드릴까요?"

남편과 나는 당황스러웠다. 셋째 계획이 있었던 것은 아니었지만 더 이상 아이를 못 낳게 되는 것은 원치 않았기에 의사 선생님의 권면을 거절했다. 그때 우리가 동의했다면 지금 로이와 제이는 이 땅에 존재하지 못했을 것이다.

수술은 성공적으로 잘 끝났고, 나도 마취에서 잘 깨어났다. 그런데 둘째를 모유 수유하고 있었기에 저녁쯤 되니 젖이 불어서 너무 아팠다. 수술한 몸에 젖까지 불어 감당할 수 없어서 남편에게 유축기를 가지고 와달라고 부탁했다. 유축을 하고 나자 온몸에 오한이 오고 경련처럼 몸이 떨리기 시작하더니 한참이 지난 후에야 진정이 되었고 그 이후에도 몇 차례 더 그런 증세가 반복되었다.

그렇게 고생 끝에 회복의 시간이 끝나고 퇴원한 후, 둘째 조이가 걱정되어 세이를 데리고 부천 언니네 집으로 갔다. 그 당시 친정어머니는 조선대 교수로 광주와 부천 집을 오가며 일하고 있는 언니를 도와주시느라 부천 언니 집에 살고 계셨다.

어머니께 가니 조이가 심한 열감기를 앓고 있었다. 이제 막 수술하고 퇴원한 나는 그런 조이가 안쓰러워서 내 몸 걱정할 새도 없이 열로 잠을 이루지 못하는 아이를 업고 달래며 밤을 보냈다. 조이의 열감기가 나아갈 때쯤, 수술 후 제대로 된 몸조리도 못 한 채 다시 대구 집으로 돌아와야 했다.

전에 나는 건강 하나는 자신이 있었다. 그런데 이 수술 이후, 친정어머니와 나의 무지함으로 몸조리에 신경을 쓰지 못했고 그 후로 나는 계속해서 기운이 없고 급기야 쓰러지기까지 하는 일을 반복해야 했다. 더 이상 나에게 건강은 자신감이 아니었고, 부어주시길 구해야 하는 기도 제목이 되었다.

몸은 쉽게 회복되지 못했다. 하지만 주님이 부어주시는 감동에 대한 열정은 뜨거워서 수술한 지 1년도 안 되어서 셋째 태이를 입양했다. 태이를 입양한 후, 밤에도 분유를 먹어야 하는 갓난아기와 위의 두 아이와 씨름하다 보니 기력이 바닥나서 밥을 먹다가도 쓰러지고, 동네에 아이들과 산책하러 갔다가도 쓰러지고 하는 일들이 수시로 일어났다.

배터리가 다 되면 핸드폰이 그냥 꺼져버리는 것처럼, 내 몸도 그랬다. 얼마 동안이라도 친정어머니의 도움을 받으며 몸을 회복하고자 친정어머니께 갔다가 또 이런 쓰러짐과 경련 같은 증세가 있어서 응급실로 실려갔다. MRI를 찍어보았지만 뇌에 이상은 발견되지 않아서 그냥 좀 쉬었다가 퇴원했다. 이런 내 모습을 보시고 어머니가 많이 놀라고 걱정이 크셨다.

"내가 태이를 봐줄 테니, 세이와 조이는 어린이집에 보내고 정밀 검사를 받든지 해서 어떻게든 낫게 해라. 그래가지고 어쩌려고 그라노?"

어머니의 말씀을 따라 태이는 어머니께 맡기고 집으로 내려왔고, 세이와 조이는 당분간은 어린이집에 보내기로 했다. 큰 병원에 가서 진료를 보고 뇌와 심장 쪽의 검사를 다 받아봤지만 이상 소견은 없었다. 결국 의사는 과로와 스트레스로 결론을 내리고 많이 쉬라고 했다.

세 아이를 어린이집과 어머니께 다 보내고 혼자 교회에 가서 기도하는데 눈물만 나왔다. '내 나이 이제 서른한 살. 어떻게 하다가 내 몸은 이 지경이 되었을까? 앞으로 이 세 아이는 어떻게 키울까?' 하는 생각에 처음엔 울기만 했던 것 같다.

하지만 기도를 하면서 감사가 생겨났다. 그렇게 하혈을 하는데도 병원 갈 생각을 안 하고 한 번만 봐달라고 기도만 하는 바보 엄마를 하나님께서 살리신 것이, 유일한 자신감이었던 건강이 무너짐으로 인해 더 주님께 매달려야 하는 기도 제목이 늘어난 것이 감사했다. 그리고 큰 병명 없이 잘 쉬라고만 하니 얼마나 감사한가.

… 그가 징계를 받으므로 우리는 평화를 누리고 그가 채찍에 맞으므로 우리는 나음을 받았도다 사 53:5

이후에도 태이를 키우면서 방광염, 장염, 질염을 번갈아 앓으면서 병원을 다니는데 하나님께서 이 말씀이 생각나게 해주셨다. 예수님이 우리를 대신해 죽어주심으로 우리가 살았듯이 내가 1살, 3살, 5살 이 세 아이 키우기 힘들어 몸이 버티지 못하고 이렇게 아프지만, 나는 죽어지는 것 같아도 태이는 엄마 아빠가 생겨 그 인생이 살아난 게 아닌가. 김용의 선교사님께서 "'내가 죽어 너 살리는' 이것이 크리스천의 삶"이라고 말씀하셨던 것이 가슴 깊이 와닿았다.

바보 엄마의 계산법

하나님께서 내게 셋째 입양에 대한 감동을 주셨을 때, 나는 정말 아무것도 계산하고 따져보지 못했다. 아니, 진짜 진실은 계산하고 따져볼 줄 몰랐다. 얼마나 무대책이고 아무 계산이 없었는지 태이를 데리러 가기 일주일 전, 금요철야예배에서 난 울며 기도하고 있었다. 아이를 데리고 오기로 했는데, 그달 받은 사례비는 얼마 남지 않았고 다음 달 사례받기 전까지 아기 분유와 기저귀가 걱정되어서였다.

참 이렇게까지 내가 바보 같았는가 싶어서 눈물이 났고, 어찌 되었든 아버지께서 감동 주셔서 된 일이니 책임지시라고 울며 떼쓰고 있었다. 그렇게 한참 울며 기도하고 있는데 김 집사님이 자모실로 오셔서 봉투를 내미셨다.

"사모님, 이거 얼마 안 되는데 하나님께서 사모님 드리라고 하시는 것 같아서요."

"네? 안 그래도 곧 입양한 아이 데리고 와야 하는데 분유와 기저귀 살 돈이 넉넉지 않아서 울며 기도하고 있었어요."

"정말요?"

집사님도 놀랐고 나도 놀랐다. 우리는 서로 부둥켜안고 울 수밖에 없었다. 정말 우리 하나님은 어떻게 이렇게 사람 놀래고 울리는 데 대가이신지. 하나님을 알면 알수록 놀라고 울 일이 많다.

이처럼 셋째 태이를 입양하면서 대책 없이, 계산 없이 진행했던 내 모습이 생각나서 다섯째 예이를 입양하면서는 그래도 한번 잘 따져보고 생각해보고 결정하자고 다짐했었다.

그런데 바보 엄마의 계산은 참 단순했다. 넷째 로이와 9개월 차이 나는 예이를 데리고 오면서, 로이 기저귀 갈 때 한 번 더 갈면 될 거고, 로이 씻길 때 같이 씻기면 되겠다고 생각했다. 기저귀 한 번 더 가는 것쯤으로, 한 명 씻길 것을 두 명 씻기는 정도로, 그리고 우리 여섯 식구 밥상에 숟가락 하나 더 얹으면 되는 것쯤으로 생각했다. 화려한 식탁이 아니어도, 좀 덜 먹더라도 아이 한 명 더 숟가락 얹어서 나눠 먹으면 된다고 생각했다.

막상 입양해서 키워보니 그게 아니었다. 먹성 좋은 예이는 하루에도 몇 번씩 똥을 싸서 기저귀 한 번 더 가는 수준이 아니었고, 이미 지친 체력은 씻길 때 같이 씻기는 것조차도 힘겨웠다. 거기다가 여섯째까지 연이어 임신이 되어서 남편도 목회자인지 뭔지 신분을 알 수 없을 정도로 그냥 함께 애 키우는 일에 올인 하는 시간이 많았다.

선교를 나왔는지, 애를 낳고 키우러 왔는지 모를 정도로 남편과 나는 출산하고 여섯 아이 키우는 데 많은 시간을 보내야만 했다. 어느 날, 남편도 나도 체력이 방전되어 축 늘어진 어깨로, 놀고 있는 여섯 아이를 힘없이 바라보고 있다가 대화를 나누게 되었다.

우리가 어떻게 하다가 애가 여섯 명이나 되었을까, 그때는 무슨 정신으로 그렇게 낳고 입양하고 줄줄이 계속해서 할 수 있었을까, 주로 이런 대화를 나누다가 내가 이런 말을 했다.

"숟가락 하나 얹으면 된다 생각했지…."

그때 남편이 힘없이 한마디 덧붙였다.

"젓가락도 얹어야 된다는 걸 몰랐네…."

그 말에 난 빵 터지고 말았다. 정말 우리는 몰랐다. 한 존재를 낳고 입양하는 것이 우리에게 어떤 삶이 될지, 얼마나 땀 흘려야 하는 일인지, 얼마나 눈물을 쏟아야 하는 일인지, 얼마나 가슴을 찢으며 낳아야 하는 일인지 우리는 몰랐다.

그러나 우리가 확실하게 안 것이 한 가지는 있었다. 우리 아버지 하나님은 좋은 분이시라는 것. 늘 우리에게 좋은 것을 주는 분이시기에 그분이 하라고 하시는 고생도 다 좋은 것이라는 것….

그리고 시간이 흐르면서 깨달은 것 한 가지가 있다. 내가 주도해서 일을 벌이는 고생은 열매가 없을 수도 있지만, 주님이 하게 하시는 것에 순종하는 고생은 반드시 열매가 있다. 그리고 세상 천금을 주어도 결코 돈으로 살 수 없는 기쁨과 감격, 감동이 있다. 이것을 맛보고 또 맛보니 또 주님이 하라 하시는 고생을 하고 싶다. 이번에는 어떤 눈물을 주실까, 이번에는 어떤 기적을 경험하게 하실까 기대가 되기 때문이다.

낳든 입양하든 아이를 한 명씩 품을 때마다 나는 이런 생각을 했다.

'내가 내 시간 포기하고, 젊음의 때에 내가 하고 싶은 것 포기하면 한 명 살릴 수 있는데…. 내가 한 알의 밀알로 죽고 고생하면 한 명 살릴 수 있는데….'

나도 때로는 이제 애는 그만 낳고 엄마들과 차 한잔하며 수다 떨고 싶고, 마음껏 쇼핑도 가고, 배우고 싶은 것들 배우고 자기계

발 하고 싶은 마음이 간절했다.

집에서 아이만 키운 지 10년째 되던 해, 어느 날 막내 기저귀 갈아주려고 가지러 갔다가 기저귀를 붙잡고 엉엉 운 적도 있었다.

'하나님, 이제 제발 애 키우는 거 말고 저도 다른 일 좀 해보고 싶어요.'

하지만 곰곰이 생각하니 내가 그런 내 시간들을 포기하면 외로운 한 아기가 가정에서 부모의 사랑을 받으며 자랄 수 있고, 내가 내 젊음을 내려놓고 못 자고 못 먹는 이 힘든 육아를 감당하면 주님의 일을 할 아이가 한 명 더 이 땅에 존재할 수 있다는 생각이 들었다. 그리고 남편이 휴가를 줘서 막상 그런 자유시간을 누려보아도 한두 번이지, 이내 곧 아이들과 뒹구는 집이 그리웠다.

지나고 보니 내가 주님 앞에서 바보인 것이 감사하다. 그 계산법이 참으로 단순해서 주님 따르기 더 쉬웠던 삶이 감사하다. 세상은 바보를 조롱하지만, 주님은 바보를 귀하게 여기고 사랑하신다.

2장

바보 엄마는 울고 또 울었다

엄마 없는 아기들은 누가 씻겨줄까?

어느 날 저녁, 세이와 조이를 씻기고 있는데 문득 이런 생각이 들었다.

'엄마 없는 아기들은 누가 씻겨줄까?'

그런 생각이 들 즈음에 나는 경산에서 하는 홈스쿨 모임에 몇 번 참석하게 되었는데, 그 모임에서 입양하신 사모님들을 몇 분 만나게 되었다.

처음엔 늦둥이인 줄만 알았고, 입양한 아이라고는 전혀 생각지도 못했다. 그런데 시간이 흘러 입양하신 사실을 알게 되었고 그것은 나에게 신선한 충격이었다. 그분들을 뵙기 전까지만 해도 나에게 입양은 생소한 단어였는데 입양해서 키우시는 분들을 옆에서 보니 '아, 저렇게도 할 수 있구나'라고 생각하게 되었다.

그리고 어떻게 해서였는지 잘 알 수 없지만, 윤정희 사모님의《하나님 땡큐》(규장)라는 책을 읽게 되었다. 아픈 아이 일곱 명을 입양하여 키우시는 사모님의 책을 미소와 눈물로 읽어 내려갔다.

그렇게 입양하신 분들을 직접, 그리고 책으로 보게 하신 후에 하나님은 이제 본격적으로 나의 기도 가운데 아버지의 마음을 부어주기 시작하셨다.

기도하는데 이런 장면을 보여주셨다. 태어난 아기가 자신을 돌봐줄 부모가 없어 울고 또 우는 장면이었다. 그러면서 이 아이가 느꼈을 두려움과 불안, 슬픔의 마음을 부어주시는데 나도 울고 또 울 수밖에 없었다. 고아의 심정이 어떤 것인지 경험케 해주셨다. 하나님께서 동일한 눈물의 마음으로 나에게 부탁하시는 것 같았다.

"사랑하는 내 딸아, 네가 이 아이를 키워주지 않으련?"

나는 선뜻 대답하지 못했다. 하지만 하나님의 부탁하심은 계속되었다. 기도하려고 눈만 감으면 그 우는 아이의 모습을 보게 하셨다. 결국 이렇게 말씀드렸다.

'주님, 이 땅에 뛰어나고 훌륭한 엄마들이 많을 텐데 저 같은 바보 엄마에게 하시는 그 부탁을 제가 어떻게 외면할 수 있겠습니까? 제가 주님의 이 부탁을 외면하고 앞으로 어떻게 주님께 나아갈 수 있겠습니까? 뭔지, 어떻게 해야 하는지 제가 잘은 모르지만 주님,

제가 할게요.'

그러고 난 후 남편에게 말을 꺼냈다.

"여보, 당황스러운 얘기겠지만 우리 입양을 해야 할 것 같아요."

기도할 때마다 하나님께서 부어주신 감동과 주변의 입양하신 분들의 이야기를 남편에게 들려주었고, 남편은 고민할 것도 없이 오케이했다.

하나님 아버지 앞에서 정결하고 더러움이 없는 경건은 곧 고아와 과부를 그 환난 중에 돌보고 또 자기를 지켜 세속에 물들지 아니하는 그것이니라 약 1:27

남편은 이 말씀을 응답으로 붙들었다. 그렇게 남편의 동의 후에 홈스쿨 모임에서 입양하신 사모님의 소개로 대구 대한사회복지회를 알게 되어, 바로 담당 선생님께 전화를 드렸다. 이러저러한 이유로 입양을 하려고 한다고 말씀드리니 선생님이 바로 입양 절차에 들어가셨다. 며칠이 지나서 선생님에게서 연락이 왔다.

"어머니, 성별은 어느 쪽을 원하시는지요?"

"지금 아들 둘이 있긴 한데 크게 상관은 없습니다. 선생님께서 하라고 하시는 대로요."

"아, 그러시구나. 그럼 남자아이로 하시면 좋을 것 같아요. 아무래도 여자아이는 입양이 잘 되는 편인데 남자아이를 원하는 가정은 드물어서요."

"네 좋습니다."

"어머니, 혹시 미숙아도 괜찮나요?"

"아, 네. 괜찮습니다. 선생님께서 결정해주시는 대로 따를게요."

내가 이렇게 대답할 수 있었던 것은 윤정희 사모님 덕분이었다. 사모님의 책을 보니 사모님은 보통 사람들이 감당하기 힘든 그 장애 아이들을 다 품고 키우셨고 한 번도 아기를 자신이 고르지(?) 않으시고 기관에서 결정해준 그 아이가 자신의 아이라고 생각하셨다고 했다.

서류 준비를 다 마치고 드디어 아이를 데리고 올 날이 다가왔다. 감사하게도 교회 청년이 세이와 조이를 돌봐준다고 해서 남편과 둘이서 아이를 데리러 대구 대한사회복지회로 갔다. 선생님이 50일 된 갓난아기를 안고 오셔서 내 품에 넘겨주셨는데 갑자기 웃음이 터졌다.

아이를 데리러 가면서 첫 장면을 상상해볼 때는 안쓰러운 마음에 눈물을 흘리게 되지 않을까 하고 생각했다. 그런데 그런 상상과는 정반대로 웃음이 터져 나온 것이다. 남편도 마찬가지로 크게 웃고 있었다. 미숙아로 태어나 작디작은 그 아기가 우리 품에 안긴 순간 말로 설명할 수 없는 큰 기쁨이 임했다. 그래서 우리는 이름을 클 태, 기쁠 이 '태이'로 지었다.

그렇게 태이는 우리 집 셋째 아들이 되었고, 나는 31세에 아들 셋을 둔 다둥맘이 되었다. 1살, 3살, 5살 세 아들을 데리고 나가면 "다 한 집 아이예요?"라는 말을 제일 많이 들었다.

그때나 지금이나 육아에 자신이 없는 나에게 갓난쟁이와 두 돌이 안 된 둘째와 5살 된 첫째를 종일 돌보는 일은 정말로 쉽지 않았다. 태이는 밤에도 깨서 울면 분유를 줘야 했는데, 물의 눈금을 봐야 하는데 눈이 떠지지 않아 눈을 찔러가며 분유를 먹였다.

밤낮없이 계속되는 육아에 살은 쭉쭉 빠지고 뱃살도 다 빠지고 없어지는 놀라운 경험을 했다. 하루하루 하나님을 의지하지 않고서는 감당할 수 없었다. 남편이 출근할 때가 되면 마음이 불안했다.

'오늘 하루도 이 세 아이를 어떻게 돌보지?'

그래서 남편이 출근하고 나면 세이와 조이는 잠시만 놀라고 하고 태이는 아기띠로 업고 작은 방으로 갔다. 한 5분 정도라도 눈물이 날 만큼 간절히 기도했다.

"하나님, 오늘 하루도 이 아이들을 잘 돌볼 힘과 지혜를 주세요. 정말 하나님이 도와주지 않으시면 전 못 할 것 같아요. 오늘도 전적으로 주님만 의지하며 승리하는 하루가 되게 해주세요."

신기하게도, 그렇게 짧지만 간절한 기도를 드리고 나면 불안한 마음이 사라지고 평안이 임했고, 그날그날 주시는 은혜로 살아가는 하루살이 엄마가 되었다.

어느 금요기도회 때, 지난 한 주간 세 아이 속에서 힘들었던 것들, 어려웠던 것들을 하나님께 쏟아내며 눈물로 기도하고 있는데 감고 있는 눈 속에 영화 같은 장면들이 지나갔다.

그것은 내가 태이를 큰 방에 재워놓고 작은 방에서 세이, 조이와 암송하고 큐티하고 있는 장면이었다. 또 다른 장면은 자던 태이가 깼는데 우리가 익숙하게 보아왔던 예수님의 모습이 깨려고 하는 태이를 토닥토닥 다시 재우시는 장면이었다. 곧 이어진 장면은 내가 태이를 재울 동안 다른 방에서 놀고 있던 세이, 조이와 함께 놀아주고 계시는 예수님의 모습이었다.

그 장면들을 보는 순간 엉엉 울 수밖에 없었다. 그것은 슬퍼서 우는 눈물이 아니라, 만왕의 왕 되신 주님이 아무도 알아주지 않는 것 같은 보잘것없는 나의 육아 현장에 함께하고 계셨다는 사실에 대한 감사와 감격의 눈물이었다. 내게 말씀하시는 것 같았다. 내가 너를 돕고 있다고….

어느 날 태이를 씻기고 있는데, 너무도 따뜻함이 느껴졌다. 꼭 주님의 따뜻한 품이 나를 감싸 안는 것 같은 느낌이 들었다. 그러면서 부드러운 주님의 음성이 내 마음속에 들렸다.

"사랑하는 내 딸아, 네 몸도 힘들면서 태이를 키운다고 고생이 많구나…. 고맙다."

주님의 그 음성은 너무도 따뜻해서 모든 힘겨움을 잊게 만드는 것 같았고 나를 알아주시는 주님께 눈물로 감사의 고백을 드릴 수밖에 없었다.

태이를 입양하고 키우면서, 하나님께서 주시는 감동에 순종해서 사는 삶이 결코 쉽지만은 않다는 것을 깨달았다. 때론 십자가를 지는 것 같은 고통도 따르고, 눈물도 흘려야 될 때가 많다. 뜨겁게 찬양을 부르기는 쉬워도, 뜨겁게 기도하기 쉬워도, 뜨겁게 예배하기도 쉬워도 그 감동대로 살아내는 것은 어렵다.

하지만 하나님이 부어주시는 감동에 순종하는 자에게 주시는 감격이 너무도 커서 또 순종하고 싶어진다. 이번에는 어떤 은혜와 감격을 부어주실까 기대하며….

가슴 아파 낳는 거야

생후 50일에 우리 집에 온 태이는 배냇짓으로도 웃는 적이 없었다. 한 번도 웃는 모습을 볼 수 없었다. 갓난아기지만 처음 왔을 때부터 얼굴도 어두웠다. 그런 태이가 더 안쓰러웠다.

그런데 우리집에 와서 적응하고 사랑을 받아가던 생후 5개월 어느 날, 활짝 웃는 태이를 보게 되었다. 할렐루야! 기적이 일어났다. 그 후로는 언제 그랬냐는 듯이 태이는 방긋방긋 잘 웃는 아이가 되었다. 참 신기한 일이었다.

그랬던 태이가 돌이 지나면서 변하기(?) 시작했다. 조금만 뭐가 마음에 안 들어도 악을 쓰기 시작했다. 말 그대로 "악"이라고 소리를 지르는데 마음속에 있는 극한 분노와 악한 마음을 드러내는 것 같았다. 태이의 "악" 소리를 들으면 어떻게 아기한테서 저런 소리가 날 수 있을까 싶을 정도로 오싹하기까지 했다.

위의 아이들도 돌이 지나면서 고집이 생기고 떼를 쓰기도 해서 순종훈련을 위해 매를 들었었다. 태이의 악쓰는 것이 놀랍기는 했지만 위의 아이들처럼 매를 대고 가르치면 되겠다고만 생각했다.

그런데 태이는 달랐다. 악 소리를 낼 때마다 매를 들고 훈계를 해도 더 악을 쓰며 무섭게 굴었다. 집에서는 물론이고, 식당에 가서도, 교회에 가서도 태이의 "악" 하는 소리 때문에 조마조마할 때가 많았고 고개를 들지 못할 때가 많아졌다. 그래서 웬만하면 외출을 자제했다. 차라리 집이 편했다.

태이가 돌 지나고 얼마 안 되어서 나는 넷째를 임신했다. 임신 자체로 힘들기도 했지만 태이가 악쓰는 것으로 점점 지쳐가고 있던 어느 날, 내 머릿속에 무서운 한 단어가 떠오르기 시작했다. 그것은 바로 '파양'(罷養)이었다.

태이가 악쓰는 것은 갈수록 심해졌고, 그 "악" 소리를 듣고 있으면 이 아이 속에 무서운 무언가가 들어 있는 듯한 생각이 들었다. 그러면서 태이를 내가 앞으로 감당할 수 없을지도 모르겠다는 생각이 연이어 들었다.

가슴이 찢어질 듯 아픈 해산의 고통

'파양'이라는 단어를 생각하며 하루하루를 힘겹게 보내고 있던 날, 〈휴먼다큐 사랑 — 붕어빵가족〉 윤정희 사모님네 가정 이야기를 보게 되었다. 아마도 하나님께서 이 어리석은 생각을 끊어주시려고 보게 하신 것 같다.

거기서 한 아이가 한 번의 파양을 경험하고 보육원에 있다가 다시 사모님 댁으로 입양되었는데 사모님 댁에 온 첫날 다시 보육원으로 가겠다고 몸부림치며 힘들어하는 모습을 보게 되었다. 또 버림받을까 봐 극도로 불안해하는 것 같았다. 그 모습을 보니 눈물이 났고, 정신이 번쩍 들었다.

'도대체 내가 무슨 생각을 한 거지?'

그 영상을 통해 깨달은 것 한 가지는 무슨 일이 있어도 '파양'은 해서는 안 된다는 것이다. 그래서 그렇게 파양의 생각은 끊어버렸지만 태이에 대한 마음은 여전히 힘든 상태였다.

그러던 어느 날, 남편이 나에게 말했다.

"여보, 3박 4일 친정에 휴가 좀 갔다 와. 좀 쉬다 와."

"아니, 이 어린 애들 셋을 혼자 어떻게 보려고?"

"할 수 있어. 걱정말고 가서 좀 쉬었다 와. 당신한테 그런 시간이 필요할 것 같아."

애들 걱정도 되었지만, 몸과 마음이 너무 지쳐 있던 상태라 남편의 말대로 친정에 갔다오기로 했다.

친정에 가서 누워 있는데 눈물이 하염없이 흘렀다. 그러고 있는 나를 향해 따뜻한 주님의 음성이 들려오기 시작했다.

"사랑하는 내 딸아, 가슴으로 낳는다는 것은 가슴이 찢어질 듯이 아파서 낳는 거란다. 네가 세이와 조이를 낳을 때 배가 찢어질 듯이 아파서 낳았던 것처럼 태이를 가슴으로 낳는 것도 가슴이 찢어질 듯이 아픈 시간들을 통과해야 비로소 진짜 가슴으로 낳는 거란다. 넌 지금 태이를 가슴으로 낳는 해산의 고통을 치르고 있는 거란다."

주님의 이 가르침을 듣는 순간 모든 것이 이해되었다. 모든 것을 납득할 수 있었다. 다시 시작할 힘이 생겼다. 우리 하나님은 이렇게 자상하시고 좋으신 분이다. 어떻게 해야 할지 몰라, 너무도 힘이 들어 울고만 있던 나에게 이건 이거고 저건 저거라고 가르치고 설명해주신다. 그래서 이 깨달음을 얻고 남은 휴가의 시간을 너무도 평안하고 기쁘게 보내다가 집으로 돌아갔다.

그렇게 다시 일상이 시작되었는데, 태이는 변한 게 없는데 내가 변해 있었다. 놀고 있는 태이를 보는데 너무도 사랑스러웠다. 깡마른 체구에 위로 찢어진 눈의 태이가 반짝반짝 빛나고 예쁘게 보였다. 그래서 자연스럽게 태이를 보며 미소를 가득 날리는 일이 많아졌고, 칭찬하고 스킨십으로 사랑을 표현하는 일이 많아졌다. 그러던 어느 날 문득 깨달았다. 태이가 "악" 소리 지르는 일이 사라졌다는 것을.

하나님을 갈망하는 멋진 아들 태이

태이가 자랄수록, 하나님은 태이가 얼마나 멋진 당신의 아들인지를 내게 조금씩 보여주셨다. 태이는 어렸을 적부터 하나님을 향한 갈망이 있었다. 말씀 암송을 하기 전이나 가정예배 때 기도를 시켜보면, 태이는 믿음을 부어달라고, 지혜를 부어달라고, 사랑을 부어달라고 간절히 기도했다. 그런 태이의 기도를 듣고 있노라면 눈물이 흐를 때가 많았다.

말씀 암송을 마치고 내가 머리에 손을 얹고 축복기도를 해줄 때면 태이는 내 기도의 문장이 끝날 때마다 "아멘"으로 받았다. 그렇게 하라고 가르쳐주지도 않았는데 어린아이가 그렇게 하는 모습이 나는 놀라웠다.

태이는 6살 때부터 자기는 커서 아버지처럼 목사님이 되겠다고 늘 말했다. 태이의 꿈이 목사님이라는 것을 듣는 순간부터 나는 그 고백처럼 진짜 목사님이 되어 강단에서 설교하는 태이의 모습을 상상했다. 그리고 그 장면을 상상하면 설교 내내 눈물을 흘리고 있는 내 모습이 그려졌다. 어찌 눈물 없이 태이의 설교를 들을 수 있을까.

며칠 전 막내 제이를 재워놓고 피곤한 몸을 소파에 기대어 쉬고 있는데 로이, 예이가 놀이터에 놀러 가겠다고 난리였다. 제이가 언제 깰지도 모르는데 잠든 제이만 남겨두고 두 아이를 데리고 가자니 좀 난감했다. 그렇게 고민하고 있는데 태이가 로이, 예이를 데리고 나가면서 이렇게 말했다.

"어머니, 제가 로이 예이 잘 챙길게요."

그 한마디가 얼마나 힘이 되고 위로가 되던지.

그렇게 한참을 놀고 동생들을 데리고 들어오는 태이에게 "태이야, 네가 동생들 잘 챙기겠다 해서 어머니에게 얼마나 힘이 되었는지 몰라. 동생들 잘 챙기고 어머니를 잘 도와주는 태이가 있어서 어머니는 얼마나 감사한지 모르겠다. 태이는 진짜 효자야. 태이야, 너무 고맙다." 그냥 차분하게 말하려고 했는데, 갑자기 눈물이 터졌다. 이런 태이가 내 아들인 것이 너무 감사해서….

단기선교팀이 와서 남편이 출타한 지 3일째 되던 어느 오후, 혼자 여섯 아이를 돌보려니 점점 지쳐갔다. 그런데 막내가 그날 유난히 유치원에 갔다 와서 많이 징징대고 울었다. 달랠 힘도 없고 저녁 준비도 해야 했기에 힘든 마음으로 우는 제이를 놔두고 요리를 하고 있었는데 갑자기 태이가 동생 셋을 앉혀놓고 책을 읽어줬다. 태이가 책 읽어주는 소리에 제이의 울음이 그치더니 제이는 금세 잠이 들었다.

저녁을 다 먹고 나서 책가방을 챙기고 있던 태이에게 다가가 "태이야, 아까 어머니가 요리할 수 있도록 동생들 책 읽어줘서 너무 고마웠어"라고 말했다. 그런데 태이의 대답이 너무 놀라웠다.

"사실은요, 제이가 너무 시끄럽게 울어서 속으로 하나님께 기도했어요. 제이가 안 울게 해달라고요. 그런데 그러고 어떻게 해야 할지 몰랐는데 하나님이 제이와 동생들을 소파에 앉히게 하셨어요. 그리고 책을 읽어주게 하셨어요. 하나님이 도와주셔서 제가 그렇게 한 거예요."

태이의 말을 듣고 우리 모두 다 감탄했고, 첫째 세이는 동생이지만 태이를 본받아야겠다고 말할 정도였다.

하나님, 저는 정말 바보였습니다.

태이가 그렇게 악 소리를 질러댈 때 우리 태이가 이렇게 멋진 아들이 될 줄 정말 몰랐습니다. 인생의 앞날을 알 수도 없고 볼 수도 없는 저에게 모든 것을 다 알고 계시는 하나님께서 가르쳐주지 않으셨다면 지금의 태이와 제가 있을 수 있었을까요?

아버지 하나님, 감사합니다. 가슴으로도 낳아 엄마가 될 수 있다는 것을 가르쳐주시고, 그런 엄마가 될 자격이 없는 저에게 감히 이런 가슴 터질 듯한 기쁨과 눈물의 삶을 경험케 해주셔서 감사합니다.

하나님, 제가 태이의 엄마가 된 것이 너무도 감사합니다. 태이가 제 아들이 된 것이 너무도 감사합니다. 저는 앞으로 또 어떤 감격을 누리게 될지 기대가 되니 더욱 감사합니다.

하나님, 저 바보 아니지요?

셋째 태이가 돌이 되어갈 때쯤, 남편은 틈만 나면 나에게 한 존재에 대한 설교를 늘어놓았다. 자기가 아무리 생각해봐도 한 남자와 한 여자가 만나 결혼을 해서 한 존재가 이 땅에 있게 하는 것보다 더 놀랍고 위대한 일은 없다고 했다. 그러면서 계속 생각을 해보란다. 세이, 조이도 우리가 낳지 않았으면 이 땅에 없었을 존재들이 아니냐고. 한 존재를 만들어내는 이 일이 얼마나 대단한 일이냐고….

겉으로는 고개를 끄덕였지만, 속으로는 세 아이 육아도 눈물의 연속인데 또 무슨 한 존재냐는 생각을 했다. 그런데 그러던 어느 날, QT를 하면서 창세기 말씀을 묵상하게 되었다.

> 하나님이 자기 형상 곧 하나님의 형상대로 사람을 창조하시되 남자와 여자를 창조하시고 하나님이 그들에게 복을 주시며 하나님이 그들에게 이르시되 생육하고 번성하여 땅에 충만하라 땅을 정복하라, 바다의 물고기와 하늘의 새와 땅에 움직이는 모든 생물을 다스리라 하시니라 창 1: 27,28

이 말씀을 읽는데, 너무나도 잘 아는 말씀이기도 하고 그냥 읽어 내려갈 법도 한데 그날따라 유난히 이 말씀이 내 눈에 들어왔다. 그리고 무엇보다 놀라웠던 것은 하나님께서 사람을 창조하고 처음으로 하신 명령이 "생육하고 번성하라"였다는 것이었다. '사람을 창조하신 후 하나님의 가장 큰 소원과 계획이 이것이 아니었을까?' 라는 생각이 들었다.

요즘 세상에 어느 크리스천이 생육하고 번성하라는 명령에 순종하여 아이를 많이 낳는단 말인가. 그런데도 나에게 이 말씀은 살아있는 말씀으로 내 마음을 움직이기 시작했다. 세상이 그렇다 해도 나는 나에게 보게 하신 이 말씀대로 생육하고 번성하는 모습을 보여드리고 싶었다.

당장 남편에게 나의 이런 감동을 말했고, 남편과 나는 한마음이 되어 기뻐했다. 그런 우리에게 하나님은 주저하실 것도 없이 바로 넷째를 선물로 주셨다. 임신의 기쁨도 잠시, 고통스러운 입덧의 시간을 보내야만 했다.

그러던 어느 날, 앞으로 태어날 넷째와 위의 세 아이까지 네 명의 아이들을 다 어떻게 키우나 하는 걱정이 몰려왔다. 한숨을 푹푹 쉬면서 미뤄둔 빨래를 개고 있는데 갑자기 주님의 음성이 들려왔다.

"지금까지 네 힘으로 이 아이들을 키웠느냐?"

이 분명한 주님의 질문에 정신이 번쩍 들었다.

지금까지도 내 힘으로 키운 것이 절대 아니었다. 늘 못하겠다고 울고불고하면 하나님께서 힘도 주시고 지혜도 주시고 사람도 붙여주셔서 가능한 일이었다. 지금까지도 하나님께서 도와주셨으니 앞으로도 도와주실 하나님을 의지했어야만 했다. 도우시는 하나님을 잊어버리고 있을 때, 그런 나에게 깨달음을 주시는 하나님께 참 감사했다.

그러나 하나님의 음성과 친정어머니의 음성은 달랐다. 친정어머니는 한 달에 한 번씩이나 시간이 되실 때 우리 집에 오셔서 밑반찬도 만들어주시고 내가 못다 한 집안일도 도와주시곤 하셨다. 넷째 임신 소식을 전화로 말씀드리기 그래서 집에 오셨을 때 말씀드렸다.

"어머니, 저 넷째 임신했어요."

"뭐라고?"

"……"

"지금 같이 가서 지우고 오자. 어떻게 다 키우려고 그라노? 무슨 고생을 그리하려고 하노?"

"생긴 아이를 어떻게 지워요? 안 돼요. 그렇게는 못 해요."

어머니는 넷째 임신 소식에 많이 힘들어하셨다. 그러면서 그동안 참아왔던 것을 폭발하듯이 나에게 쏟아 놓으셨다.

"이 천하의 바보야, 세이, 조이 둘만 낳고 좀 편하게 살지. 집도 이게 뭐꼬? 지금 있는 애들이라도 잘 키우고 집도 깨끗하게 치우고 살고, 뭐라도 일이라도 하고 사람 사는 것처럼 살지. 허구헌날 애들한테 찌들어서 얼굴이 그게 뭐꼬? 왜 이리 살아. 거기다가 또 임신을 해? 남들 딸들은 똑똑해서 편하게 잘만 사는데 왜 이리 고생을 사서 하노?"

어머니는 그렇게 속이 터진다는 듯이 쏟아 놓고 가셨다. 그렇게 어머니가 가신 후 나도 많이 힘들고 답답했다. 애들 돌보는 것도 힘들었다. 견딜 수가 없어서 집에서 나와 아파트 놀이터에 서 있는데 하염없이 눈물만 나왔다.

"하나님, 저 바보 아니지요? 저 바보 아니지요? 감동 주시는 대로 계산할 줄도 모르고 앞뒤 재볼 줄도 모르고 순종한다고 막 부려먹는 그런 주인님 아니시죠? 그런 하나님 아니시죠? 저 바보같이 인생 사는 거 아니지요?"

그렇게 한참을 울며 하나님의 대답을 듣기를 원했지만 아무런 말씀을 듣지 못했다. 그냥 안쓰럽게 바라보시는 그분의 눈길만 느껴졌다. 그 이후로 교회에 가서 기도할 때마다 한 많은 여자처럼 울고 또 울며 기도했다.

"하나님, 친정어머니가 지우라고 하신 이 아이. 세상도 혀를 쯧쯧 차며 낳으려 하지 않는 넷째. 이 아이에게 기름 부어주시고 세상이 결코 흉내 낼 수 없는 특별한 재능과 은사를 부어주시고 하나님의 살아계심을 나타내 보여주옵소서."

한 명만 더

넷째 로이를 임신하고 고통스럽던 입덧도 끝나갈 무렵, 집에 돌아온 남편이 갑자기 말을 꺼냈다.

"여보, 내가 오늘 운전을 하면서 가고 있는데 주님이 강력한 감동을 주셨어. 뭔지 알아? 그건 바로 넷째 출산과 입양을 동시에 해서 둘을 쌍둥이처럼 같이 키우는 거야."

"그만 말해요! 그만!"

난 귀를 틀어막았다. 이건 또 무슨 청천벽력같은 소리란 말인가. 이미 다 듣고 말았지만, 더 듣다간 꼭 그렇게 해야 할 것 같은 생각이 들었다. 하지만 남편은 계속해서 말했다.

"여보, 난 선교 나가기 전에 한 명만 더 입양했으면 좋겠어. 그리고 어차피 지금은 선교 준비로 주말만 사역하는 파트 사역자이니까 쌍둥이라 하더라도 당신이 한 명, 내가 한 명 이렇게 키우면 되잖아. 태이를 좀 봐. 우리 가정에 와서 얼마나 잘 자라고 있어. 난 태이를 보면서 한 명만 더 입양했으면 좋겠다는 생각이 들어. 이제 선교 나가면 하려고 해도 할 수도 없을 텐데. 당신이 쉽진 않은 일이겠지만 그래도 같이 기도해보면 좋겠어."

"일단은 알겠어요."

그날의 대화는 그렇게 끝이 났지만, 남편은 계속해서 "한 명만 더"를 외쳤다. 나는 약속한 대로 기도해보는 수밖에 없었다. 금요기도회에서 기도 시간에 아이들을 다 재우고 주님께 여쭤보았다.

'주님, 제가 어떻게 하기를 원하십니까? 저는 어떻게 해야 합니까?'

주님의 마음이 부어지기 시작했다. 이번에는 특별히 여자아이에 대한 마음을 주셨다. 장면처럼 보여주시는데 소중히, 조심스럽게, 귀하게 돌봐줘야 할 여자아이가 돌봐줄 부모가 없어서 두려워하고 무서워하고 울고 있는 모습을 보고 느끼게 하셨다. 그 아이의 아픈 마음이 온몸으로 느껴져서 나도 계속해서 울 수밖에 없었다. 그날 이후로도 계속해서 기도할 때마다 하나님이 그 아픈 마음을 느끼게 해주셨다. 결국 항복하고 말았다.

"여보, 당신에게 주신 감동대로 입양 진행하도록 해요."

태이 때 담당 선생님이었던 대한사회복지회 임선생님에게 우리의 생각을 말씀드리니, 흔쾌히 지지해주시며 입양을 진행해주셨다. 그렇게 모든 서류 준비를 마치고 아이가 연결되기를 기다리다가 나는 넷째를 출산했다.

그런데 출산과 동시에 난 입양을 포기했다. 나에겐 한 아이가 더 생긴 것만으로도 굉장히 힘들어지고 마음에도 부담이 되었기에 한 아이를 더 데려와 쌍둥이처럼 키운다는 것은 현실이 닥치니 엄두가 나지 않았다.

남편은 나의 돌변한 태도에 계속해서 설득시키려고 했고 우리는 그렇게 산후조리 기간에 많이 싸워야 했다. 어찌해도 내가 도저히 못 하겠다고 하니 남편도 입양을 내려놓을 수밖에 없었다. 우리에겐 네 명의 육아도 만만치 않았다. 그렇게 우리는 갓 태어난 넷째가 돌이 될 때까지 정신없이 네 아이를 키웠다.

제 손과 몸과 젊음을 하나님께 드릴게요

넷째가 돌이 되고, 모유 수유도 끊고 걸어다니게 되니 조금 여유가 생겼다.

그런데 그 당시에 성경을 읽으려고 펴면 '서원'에 관한 말씀이 참 많이 눈에 들어왔다. 나는 성경에 서원에 관한 말씀이 그렇게 곳곳에 있는지 그때 처음 알게 되었다. 매일 성경을 읽을 때마다 마음이 무거웠다. 뻔히 나와 있는 말씀을 모른체하기가 힘들었다.

"여보, 이제 로이도 어느 정도 컸고 여유가 생겼으니, 비록 시간은 촉박하게 되었지만 선교 나가기 전에 입양을 빨리 진행해서 한 명 더 하도록 해요."

그런데 우리 하나님은 참으로 인격적인 분이시다. 내가 서원에 대한 부담감(?)으로 다시 입양을 결심했지만, 하나님은 예배 때마다 기도 때마다 이 일을 얼마나 원하시는지, 나를 통해 이 일을 하기를 원하시는 아버지의 마음을 계속해서 부어주셨다.

어느 주일예배 때 이런 마음을 너무 부어주셔서 나는 하나님께 이런 고백을 올려드렸다.

'아버지, 제 손을 하나님께 드릴게요. 이 손으로 아이 씻기고 먹이고 입히고 손 얹고 기도해줄게요. 그리고 제 등도 하나님께 드릴게요. 이 등으로 아이 업으며 키울게요. 그리고 나머지 제 몸과 저의 젊음을 하나님께 드립니다. 하나님, 저를 통해 하고자 하시는 일 하세요.'

그렇게 우리는 다시 입양 절차를 밟아 나갔다. 입양부모교육에 참석하러 간 어느 날, 담당 선생님께 여쭤봤다.

"선생님, 여자아이는 많이 기다려야 되나요? 아무래도 선교 나가기 전까지는 되어야 할 것 같아서요."

"아…, 입양이 안 되고 있는 여자아이가 한 명 있는데 사진 보실래요?"

"아, 그래요? 네, 보여주세요."

눈빛이 매섭고 강한 여자아이였다. 조금은 놀랍긴 했지만 대수롭지 않게 생각했다.

"입양을 신청한 십여 가정에 이 아이를 추천해드렸는데 어떤 가정도 하려고 하지 않네요."

"그렇구나. 그럼 저희가 할게요."

"네, 알겠습니다. 잘됐네요. 그럼 아기 선보기 날짜 잡고 연락드릴게요."

"네."

나는 속으로 이렇게 생각했다.

'아가야, 괜찮아. 왜 너를 다들 입양 안 하려고 하는 거야? 말씀과 기도로 키우면 멋지게 클 수밖에 없어. 우리에겐 하나님이 계시잖아. 나중에 널 입양 안 하겠다고 한 가정들이 후회하도록 예쁘게 키워줄게.'

하지만 난 마음속의 이 말을 하나도 지키지 못하는 못난 엄마가 되고 말았다. 아기 선보기 날짜가 잡히고 네 아이와 우리 부부까지 총 6명의 대가족이 아이를 보러 혜림원으로 갔다. 근데 아기를 보는 순간 우리는 "헉" 하고 말았다.

도무지 아기라고 믿기지 않는 큰 키와 거대한 체구, 외국 아이 같이 깊이 들어가 있는 눈과 매서운 눈매…. 로이의 동생 같지도 않았고 우리 가정에 어울리는 느낌도 없었다.

그렇게 아이를 보고 와서 우리 부부는 혼란에 빠졌다. 어떻게 해야 할지 고민되기 시작했다. 태이 때처럼 담당 선생님이 정해주신 아기를 우리 아이라고 생각하고 감사히 받아들여야 하는데 아이를 보고 나니 키울 자신이 없어졌다. 결국엔 고민 끝에 선생님께 그 아이를 못 키울 것 같다고 말씀드렸다.

그런데 남편은 남편대로, 나는 나대로 사람을 외모로 취하는 어리석음에 마음이 힘들어졌다. 또 그렇게 씨름하다가 선생님께 다시 연락을 드렸다.

"선생님, 정말 죄송합니다. 자꾸 이랬다저랬다 하는 모습 보여드려서 너무 죄송한데, 그 아이 저희가 입양하는 것으로 했으면 좋겠습니다. 기도하는데 회개하는 마음을 계속 부어주셔서요. 저희가 너무 외모로 사람을 판단한 것 같습니다."

"아닙니다. 저도 태이 때와 달리 어머니 가정에 어울리지 않는 아이를 추천하는 것 같은 마음이 있었어요. 다른 아이를 찾아보고 추천드리도록 할게요."

"아니에요, 선생님. 그 아이 저희가 입양하도록 할게요. 다시는 결정을 바꾸는 일 없을 겁니다. 믿으셔도 돼요. 저희도 신중하게 생각해보고 말씀드리는 거예요."

결국엔 담당 선생님도 우리의 결정을 신뢰해주셨고, 입양 절차도 생각보다 빠르게 진행되어 예이는 아들만 넷인 우리 집에 유일한 공주님으로 오게 되었다. 그렇게 우리는 남편의 바람 대로 선교 나가기 전 복음의 방주에 예이를 마지막으로 태우고 말레이시아로 오게 되었다.

살리시는 하나님

넷째 로이가 돌이 될 즈음에 우리는 하나님께 서원한 대로 다섯째 입양을 준비했고, 로이가 19개월이 되었을 때 로이보다 몸집이 더 큰, 9개월 차이 나는 생후 10개월 된 예이가 우리 집에 오게 되었다.

로이는 아기 때부터 하얀 피부에 연신 미소를 날리는 아기천사였다. 그냥 바라만 봐도 사랑스러운 아이였고, 온 가족의 사랑을 한 몸에 받고 있었다. 그런데 예이가 오기 시작하면서 로이는 돌변하기 시작했다.

로이가 처음 며칠은 예이를 보면서 '어디서 온 아이인지는 모르겠지만 며칠이 지나면 가겠지'라고 생각했던 것 같다. 그런데 3일이 지나도, 일주일이 지나도 예이가 가지 않고 엄마의 돌봄을 더 받고 있으니 로이가 견디지 못했다.

거기다가 예이가 우리 집에 온 지 3개월 만에 나는 여섯째를 임신했다. 예상치 못한 예이의 등장과 어머니의 임신이 겹치자 로이는 더 이상 예전의 로이가 아니었다. 짜증을 부리고 징징대는 일은 다반사였고, 예이를 때리고 특히 깨무는 일이 많았다. 뿐만 아니라 여섯째를 임신한 지 두 달 만에 말레이시아로 왔는데, 힘든 상황에 낯선 나라에까지 와서 적응해야 했으니 로이의 상태는 더 악화되어 갔다.

지금처럼 말을 잘했으면 이렇고 저렇고 얘기라도 해서 알 수 있었을 텐데, 갓 두 돌이 넘은 어린 나이였기에 로이는 말은 못 하고 소리를 지르거나 예이를 깨무는 방법으로 자신의 마음을 표현했다. 전문가가 아닌 내가 보기에도 로이의 상태는 소아정신과에 가서 치료를 받아야 했다. 미쳐 날뛰는 모습이 마음속에 극한 분노와 불안이 있는 것 같았다.

한국도 아니고, 낯선 땅에 온 지 얼마 되지도 않았고, 입이 쩍 벌어지는 의료비에 우리가 할 수 있는 것은 없었다. 로이와 예이, 임신한 나는 매일 같이 전쟁을 치러야 했다. 예이의 양쪽 팔은 로이에게 물린 자국들로 늘 상처투성이였고, 급기야 나중에는 예이도 닥치는 대로 로이를 깨물며 반격했다.

이런 두 아이를 지금까지 해왔던 방법대로 매를 때리고 훈계했지만, 특히 로이는 매를 맞더라도 이렇게 하지 않으면 못 견디겠다는 식으로, 눈물이 나는 매를 맞으면서도 예이를 깨물며 온몸으로 예이를 받아들일 수 없다고 표현했다.

회복의 하나님을 신뢰함으로 견디다

어느 날, 로이와 예이를 재우고 누워 있는데 눈물이 났다.

"하나님, 이게 뭡니까? 도대체 이게 뭡니까?"

배는 불러오고, 두 아이와 매일같이 전쟁을 치르며 그냥 이 순간을 견디는 것밖엔 방법이 없는 삶 속에서 눈물만 났다. 내가 할 수 있는 건 울면서 버티는 것밖에 없었다.

사단이 내 마음을 요동케 했다. 참으로 바보 엄마라고. 아직도 엄마의 품과 손길, 사랑이 많이 필요한 19개월 된 로이를 잘 키울 생각은 않고 어쩌려고 또 입양을 하냐고. 어디 그뿐이냐고. 위의 큰 애들 세 명에, 9개월 차이 나는 연년생 둘까지 그것만 해도 잘 키울까 말까인데 거기다가 또 임신을 하냐고. 자식 눈에 눈물 나게 하는 바보 엄마라고. 로이를 저 지경까지 되도록 만든 건 다 너 때문이라고….

사실 사단의 그 말이 틀린 게 하나도 없었다. 다 맞는 말이었다. 그런데 그런 나에게 한 가지 믿음이 있었다.

'맞아. 나는 바보 엄마야. 네 말이 틀린 게 하나도 없어. 하지만 내가 믿고 알고 경험한 하나님은 그런 분이 아니셔. 하나님은 사람을 죽이시는 분이 아니라 살리시는 분이셔. 지금은 로이가 죽는 것 같고 망하는 것 같지만 하나님은 일을 이렇게 끝내실 분이 아니야.'

눈물이 쏟아질 것같이 마음이 힘들 때 하나님께 이렇게 말씀드렸다.

"하나님, 저는 예이를 입양하고 또 여섯째를 임신하고 이렇게 감동 주시는 대로 순종할 때 아브라함이 이삭을 바치는 심정으로 로이를 하나님께 맡겨드렸습니다. 물론 제가 더 입양하지 않고 더 낳지 않아서 로이를 더 잘 키울 수도 있겠지만, 제가 그렇게 키우는 것보다 저의 부족한 부분을 하나님께서 대신 키워주시는 게 더 로이를 위한 길이라고 생각했습니다. 아버지, 지금은 너무도 고통스럽고 눈물이 나지만 하나님께서 반드시 로이를 회복시키실 거라고 믿습니다."

지금도 생각해보면, 극도로 힘들었던 1년과 조금씩 회복되기 시작한 그다음 1년…, 이렇듯 로이로 인한 2년 정도의 아픈 시간들을 견딜 수 있었던 힘은 아버지 하나님에 대한 신뢰였던 것 같다. 그 실낱같지만 또한 생명줄 같았던 믿음이 없었다면 어떻게 견딜 수 있었을까?

로이는 극심한 고통의 1년 정도의 시간이 지난 후부터 조금씩 회복되기 시작했다. 예이를 깨무는 횟수도 점차 줄었고, 통제 불능의 짜증과 징징대는 일도 조금씩 줄어들기 시작했다. 위의 세 아이가 다 학교에 가고 없는 오전 시간에 우리는 함께 찬양하고, 말씀 암송하고, 합심해서 기도하며 예배를 드렸다.

이렇듯 우리가 하나님 앞에서 해야 할 일들에 집중해서 해나가고 있던 어느 날, 나는 깨달았다. 로이와 예이가 서로 깨무는 일은 옛 추억과도 같은 일이 되었고 이제는 서로 둘도 없는 친구요, 이보다 더 좋을 수 없는 짝꿍이 되어 있다는 사실을…. 어찌나 쿵작이 잘 맞는지, 둘이 노는 모습을 보면 감탄이 나올 때도 많았다.

바보 엄마의 믿음대로, 그 신뢰대로 신실하게 로이를 만지고 회복시키신 하나님으로 인해 많이 울었다. 내가 한 것이라곤 그냥 믿고 그 시간을 버티고 견딘 것밖에 없는데, 줄줄이 연년생 막둥이들과 위의 세 아이 키운다고 너무 힘들어서 로이에게 잘해준 것도 없는데 어떻게 이렇게 회복시키셨는가, 어떻게 이런 날이 왔는가를 생각하면 눈물밖에 나지 않는다.

우애를 빚어낸 고통의 시간

로이는 혼자 놀 때면 찬양을 만들어서 곧잘 부르곤 했다.

"위대한 하나님~ 좋으신 하나님~ 찬양해요~ 감사해요~ 경배해요~"

안정되고 난 후, 교회 유치부에서도 율동하는 모습이 너무 감동이라는 칭찬을 듣기도 했다. 워낙 힘들었던 시간을 많이 겪었던 아이라서 그런지 그냥 건강하게만 자라기를 바랄 뿐이었는데 유치원에서 선생님께 "clever boy"라는 칭찬을 들을 때면 이건 또 무슨 생각지도 못한 보너스인가 싶기도 했다.

첫째부터 여섯째까지 말씀 암송 확인하고 머리에 손을 얹고 축복기도 해주는데, 유난히 로이의 머리에 손을 얹고 축복기도 해줄 때마다 눈물이 쏟아질 때가 많았다. 힘들어하는 로이를 바라보며 마음이 쓰리기까지 아팠던 지난 시간이 생각나서, 그랬던 로이를 이만큼 안정되게 밝게 키워주신 하나님께 너무도 감사해서 그랬던 것 같다.

그렇게 로이의 머리에 손을 얹고 눈물이 나서 말을 잇지 못하고 울고 있으면 아이들이 한마디씩 했다.

"어머니, 또 우신다."

"어머니, 또 우시네."

가끔 궁금했던 적이 있었다. 다른 것도 아니고, 주님 주시는 감동에 순종해서 하는 선한 일에 왜 하나님은 로이가 잘 받아들이고 힘들지 않게끔 하지 않으셨을까? 나는 그 해답을 얼마 전 망고스틴을 먹을 때 알게 되었다.

한창 망고스틴이 제철이라 상자째로 사 와서 간식으로 내놓았는데, 나는 설거지 한다고 바빴고 첫째 세이부터 다섯째 예이까지 아이들 다섯이서 먹고 있었다. 망고스틴은 껍질이 딱딱하고 두꺼워서 어린 예이 같은 경우에는 누가 까주지 않으면 못 먹는 과일이었다.

"오라버니들, 망고스틴 좀 까줘."

예이가 간절하게 애원했다. 위의 세 오빠들은 자기들 먹는다고 정신이 없었는지 들은 척도 하지 않았다. 그때 힘도 약한 로이가 자기 것 까먹기도 힘든데 예이가 부탁을 하니 있는 힘을 다해서 껍질을 까주는 것이었다.

'아, 하나님은 그런 시간들을 통해 로이와 예이가 이토록 우애하게 만들어주셨구나. 그 고통의 시간들이 없었다면 이런 우애가 가능할까? 하나님의 그 깊은 지혜와 생각은 사람이 헤아릴 수 없는 것이구나. 그저 선하신 하나님을 신뢰하는 것이 가장 지혜로운 것일 뿐….'

마리아처럼

다섯 아이 육아로 힘든 시간을 보내고 있을 때, 예전에 홈스쿨 모임을 인도하셨던 사모님이 꼭 보라는 말과 함께 춘천 한마음교회 '오직 주만이' 전체 영상을 보내주셨다. 영상을 받긴 받았지만 바로 보고 싶은 마음이 생기지 않았고 여유도 없었다. 그렇게 시간은 흘러

갔다.

그러던 어느 날, 이 영상이 생각나서 하나씩 보기 시작했다. 참으로 놀라웠다. 술, 담배, 음란물, 도박 등 온갖 중독에 빠졌던 사람들과 상처로 얼룩진 삶을 가졌던 사람들이 부활하신 예수님을 만나고 그 예수님을 삶의 주인으로 영접하면서 그 모든 것들로부터 자유하고 복음을 전하는 사명자들로 바뀐 간증은 들으면 들을수록 놀라웠다.

그들이 울 때 함께 울고 그들이 웃을 때 함께 웃으며 간증들을 들었다. 그리고 이 영상을 통해 나 또한 새롭게 고민하고 생각하기 시작했다. 춘천 한마음교회 목사님이 그토록 선포하시는 '모든 사람에게 믿을만한 증거로 주신 부활'과 '삶의 주인 되신 예수님'에 대해서 묵상하고 기도했다.

그동안 신앙생활을 하면서 진지한 고민 없이 무턱대고 믿는다고 생각했던 것들에 대해서 아이들을 돌보면서도 말씀을 떠올려가며 머릿속으로 생각했다.

아이들을 재우고 정리할 것이 있어서 주방에 나왔다가 싱크대에 내가 붙여놓은 말씀을 보는데 눈물이 쏟아졌다.

이를 위하여 그리스도께서 죽었다가 다시 살아나셨으니 곧 죽은 자와 산 자의 주가 되려 하심이라 **롬 14:9**

죽은 자와 산 자, 모든 인간의 주인이 되시기 위해서 부활하셨다는데 나는 그 주님의 본심을 헤아려드리지 못하고 얼마나 많이 내가 주인 되어 왕 노릇하고 있었는가를 생각하니 마음이 찢어졌다. 그렇게 눈물로 회개하는 시간들을 보내고 나는 점점 변화되고 있었다.

어느 오후, 거실에 책이 널려 있길래 둘째 조이에게 책을 꽂으라고 했다. 귀찮다는 듯 책을 꽂지 않고 불순종하는 조이를 보니 화가 나려고 했지만 주인 되신 예수님 앞에서 그럴 수는 없었다. 아마도 예전 같았으면 화를 내며 "책 꽂으라고 했지!" 하고 소리를 질렀을 것이다. 하지만 그렇게 하지 않았다. 대신 "조이야, 이리 와서 앉거라" 하고 불러놓고 기도를 했다.

"하나님, 제가 조이에게 책을 꽂으라고 했는데 조이가 불순종하고 있습니다. 조이에게 순종하는 마음을 부어주셔서 책을 꽂게 해주세요. 예수님의 이름으로 기도합니다. 아멘."

"조이야, 책을 꽂아라."

"네, 어머니."

조이는 바로 순종해서 예쁘게 책을 꽂고 정리를 했다.

또 아이들이 불순종할 때 "예수님, 아이들이 제 말을 안 듣습니다. 그래서 제가 매를 들겠습니다" 하고 말하며 매를 찾으러 갔고 따끔하게 매를 들고 순종하게 했다. 이렇게 주인 되신 주님 안에 사니 어느샌가 한 달이 넘도록 아이들에게 소리 한 번 치지 않고 매일을 살고 있는 나를 발견하게 되었다.

이런 나를 남편도 놀라워했고, 우리 부부는 선교 나가기 전 춘천 한마음교회 수련회에 직접 참석해보고 싶은 간절함이 생겼다. 마음은 간절했지만, 어린 다섯 아이를 데리고 수련회에 참석하는 것은 불가능해 보였다. 그래서 친정어머니께 간곡히 부탁을 드렸고 어머니는 흔쾌히(?) 아이들을 봐주기로 하셨다.

그렇게 어머니께 다섯 아이를 맡기고 우리는 춘천으로 향했다. 춘천 한마음교회는 찬양부터 뜨겁고 간절했다. 계속해서 선포하시는 목사님의 부활 설교는 나의 마음을 더 뜨겁게 했다. 그리고 무엇보다 신혼여행 이후 처음으로 아이들에게서 벗어나서 남편과 단둘이 하루 세 끼 밥도 먹고 숙소에서 오붓한 시간을 보내는 것이 이보다 더 좋을 순 없었다.

그렇게 은혜 충만한 수련회를 보내고 있는데, 계속해서 내 마음에 한 가지 열망이 일어났다. 내 삶의 주인 되신 예수님에게 뭔가를 자꾸 해드리고 싶은 마음이 생겨났다.

'주님, 지금 제 삶에 제가 뭘 해드리기를 원하세요? 저를 통해 어떤 일을 하고 싶으세요?'

나는 그렇게 계속해서 여쭤보았다. 그러다가 마리아가 생각났다. 처녀의 몸으로 아이를 가진다는 것은 돌에 맞아 죽을 각오를 해야 하는, 생명을 건 순종인데 천사 가브리엘이 나타나 하나님의 아들을 잉태하게 될 것이라고 말했을 때 마리아는 "주의 여종이오니 말씀대로 내게 이루어지이다"라고 대답했다. 나에게도 이 마지막 시대에 예수님의 오심을 앞당길 주님의 일꾼을 원한다는 마음을 주셨다.

'주님, 제 몸을 쓰세요. 마리아의 자궁을 사용하셔서 예수님을 탄생시키신 것처럼, 제 몸을 통해 많은 사람을 살려낼 주님의 일꾼이 탄생되기를 원합니다.'

남편도 나의 감동을 기뻐했고, 우리는 기대하며 여섯째를 기다렸다. 선교 가기 두 달 전, 우리는 임신 사실을 알게 되었고, 파송예배 때 여섯째 임신 소식을 깜짝 발표해서 많은 사람을 놀라게 했다.

3장

바보 엄마는 절망했다

정신병원에 가야 할 것 같아

세이와 조이를 재우고 남편이 퇴근해 돌아오기만을 기다리며 누워서 쉬고 있는데 남편이 문을 열고 들어오는 소리가 들렸다. 남편은 곧장 자기 방으로 들어가는 듯했다. 아이들이 깊이 잠든 것을 확인하고는 남편 방으로 갔다.

"여보, 왔어요?"

"어? 아직 안 잤어?"

"네. 당신 기다렸죠."

"왜, 무슨 일 있어?"

"여보, 나 정신병원에 가야 할 것 같아"라고 말하는 내 눈에 눈물이 주르륵 흘렀다.

"갑자기 무슨 소리야? 왜 그러는 거야?"

피곤한 몸을 이끌고 집에 왔는데 갑자기 아내가 닭똥 같은 눈물을 흘리며 정신병원을 가야 할 것 같다고 하니 남편은 얼마나 놀랐을까. 나는 그렇게 눈물로 남편에게 왜 정신병원에 가야 할 것 같은지에 대해 말하기 시작했다.

아이를 낳고 엄마가 되고 난 후 처음에 나는 육아 가운데 드러나는 나의 분노하는 모습 때문에 많이 놀랐다. 지금까지 자라오면서도 결혼해서도, 성품이 온순한 사람은 아니었지만 그래도 내가 그렇게 나쁜 사람이라고는 생각하지 않았다. 그런데 아이를 낳고 키우면서부터 나는 내 안에 숨어있던, 드러나지 않았던 분노의 그 실체를 보고 또 보아야만 했다.

보건소에서 실시하는 '영양플러스' 사업에 대해 듣고서 혹 우리 세이가 해당될까 싶어서 보건소에 들렀다. 키와 몸무게를 재고 간단한 피검사로 빈혈 체크를 하는데 마지막으로 몸무게를 재려고 할 때 세이가 체중계에 올라가려고 하지 않았다. 그런 세이와 어떻게든 올라가게 해서 몸무게를 재게 하려는 나 사이에 실랑이가 벌어졌다. 보건소 선생님도 이런 아이는 처음 본다는 듯 표정이 안 좋으셨다.

결국 세이는 울며 체중계에 올라갔고 모든 검사를 마쳤지만, 집으로 돌아오는 길에 택시 안에서도 나의 화는 가실 줄 몰랐다. 보건소의 그 많은 사람 앞에서 나를 부끄럽게 만든 세이에게도 화가 났지만, 우유나 달걀이나 그 밖의 여러 식품을 지원받을 수 있다는 소식에 어떻게든 받아보겠다고 데려간 내가 구차하게 느껴져서 더 화가 났다.

집으로 돌아오자마자 나는 온갖 분노를 세이에게 쏟아냈다. 그때의 내 모습은 이성을 잃은 것 같았다. 그러고 나서 몰려오는 자괴감은 이루 말할 수 없었다. 괴로움 그 자체였다. 이 일 후에도 이성을 잃은 것처럼 분노하는 내 모습을 보면서 괴로워하다가 남편에게 정신병원에 가야 할 것 같다고 말한 것이다.

내 말을 차분히 듣던 남편이 입을 열었다.

"여보. 난 이렇게 생각해. 나도 아이를 잠깐씩 볼 때마다 느끼는 거지만, 육아는 쉽진 않은 건 분명해. 당신이나 나나 다 죄인인데, 드러나고 안 드러나고의 차이가 아닐까? 온종일 아이를 돌봐야 하는 당신에게 당신을 건드리는 자극들이 더 많기에 당신은 그렇게 드러나는 것일 뿐. 여보, 어찌 되었든 우리에겐 기도와 말씀밖에 없는 것 같아."

남편이 그렇게 말해줘서 너무 고마웠다. 남편에게 사실대로 얘기하긴 했지만 어떻게 그럴 수 있냐고 몰아붙였어도 난 할 말이 없는 사람이었다. 그런데 남편은 내가 끝없는 자괴감에 빠지지 않도록 일으켜주었다.

그리고 나서 우리는 경건 체크표를 만들었다. 성경은 목표로 한 분량만큼 읽었는지, 암송은 했는지, 기도는 했는지를 표시하며 이겨나가기로 했다.

하지만 나의 분노 문제는 쉽게 해결되지 않았다. 기도와 말씀이 충만할 때는 좋은 엄마였지만, 영적으로 침체되어 가거나 육체적인 피로와 한계에 부딪히게 되면 여지없이 분노하는 엄마였다. 나는 아이들에게 이런 부끄러운 엄마의 모습으로 살기 싫었다. 나는 정말로 사도바울과 같이 "나를 본받으라"라고 말하는 그런 삶을 사는 엄마가 되고 싶었다.

나는 몸부림을 쳤다. 둘째를 출산한 지 백 일이 안 되어서부터 첫째를 유모차에 태우고, 갓난쟁이 둘째는 업고 새벽 기도에 갔다. 그리고 간절히 기도했다.

'하나님, 전 하루살이 엄마입니다. 오늘 주시는 은혜로 오늘 하루 승리하며 이 아이들 감당하면 전 그뿐입니다. 그날그날 주님 부어주시는 은혜로 부끄러운 엄마가 아닌 사명자로 살게 하옵소서.'

밑바닥의 모습에서 벗어나려는 여러 가지 노력에도 불구하고, 이제 해방되었다고 생각할 때쯤이면 또 무너지는 내 모습을 보며 좌절과 절망의 생각들로 가득 차 있던 어느 날 이런 감동이 들었다.

'아… 정말 나는 죄인 중의 괴수구나. 이렇게 해봐도, 저렇게 해봐도 어떻게 할 수 없는 나는 죄인이구나. 그런데 하나님은 어떻게 해도 안 되는 죄인 된 나를 구원해주셨구나.'

사실 엄마가 되기 전에는, 분노하는 미친 엄마의 모습을 내게서 보기 전까지는, 죄인 된 나를 구원해주신 하나님의 은혜가 이처럼 크게 와닿지는 않았던 것 같다. 구원해주심에 대한 감사는 넘쳤어도, '어떤 나'를 구원해주셨는지에 대해서는 깊이 생각해보지 않았던 것 같다.

그런데 하나님은 엄마가 되고 나서야 '죄인 된 나 자신에 대한 절망'을 뼛속 깊이 느끼게 해주셨다. 이 죄 덩어리인 나를, 하나님의 영광에 아무 도움이 안 되는 나를 구원해주심이, 이런 나도 예수님을 믿게 해주심이 얼마나 감사하고 또 감사했는지. 그리고 죄의 종노릇하며, 죄의 고통 속에서 살아야 했던 나를 위해 예수님이 십자가에서 죽으시고 부활하심으로 이 모든 죄의 문제를 해결하심이 얼마나 놀랍고 감사한 일인지 깨닫게 되었다.

그러나 죄가 더한 곳에 은혜가 더욱 넘쳤나니 롬 5:20

하나님의 은혜는 어디까지인지, 어찌 죄가 더한 곳에 은혜가 더욱 넘칠 수 있는지 나는 엄마가 된 나의 삶에서 경험할 수 있었다. 엄마가 되기 전까지는 그래도 나는 괜찮은 사람이라고 생각했던 것을 하나님은 내가 엄마가 되고 나서 모두 무너뜨리셨다. 그리고 죄로 얼룩진 절망스러운 나 자신의 모습 위에 다시 복음을 세우셨다. 그 구원이 얼마나 값진 것인지 깨닫게 하셨다. 값을 치르신 그 십자가만이 오직 나의 유일한 소망임을 확신케 하셨다. 할렐루야!

눈물의 고백

어릴 적부터 성품이 온유하고 순종적이며 책 읽기를 좋아하고 주변에서 똑똑하다는 칭찬을 많이 받아온 나의 자랑, 나의 기쁨 첫째 황세이. 말레이시아로 선교 오기 전, 9살이 될 때까지 집에서 홈스쿨로 자라온 세이. 유치원, 학교 가는 대신 나와 함께 암송하고 큐티하고 예배드리고 함께한 아름다운 영적인 추억이 얼마나 많은지….

그랬던 세이가 11살이 되던 해부터 변해가기 시작했다. 하루는 자기가 덮겠다고 한 이불을 동생 조이가 장난식으로 가져가서 주지 않자 화가 나서 동생을 손으로 계속해서 때리는 모습을 보게 되었다. 그러고도 분이 가시지 않는지 씩씩거렸다. 그렇게 화가 나서 동생을 때릴 때 세이의 모습은 엄마인 내가 보기에도 무서울 정도였다.

바로 10분 전에 여섯 아이와 나는 둥글게 앉아 함께 손을 잡고 단기선교팀 인도하러 간 남편과 그 팀을 위해서, 그리고 남편 돌아올 때까지 우리를 지켜달라고 큰 소리로 간절히 기도했는데 그 기도와 예배는 온데간데없었다.

그다음 날 마음이 너무도 무거웠다. 세상은 11살이니 사춘기 시작되는 거 아니냐고, 다들 그런다고 할지도 모르지만 나에게는 그렇게 해석되지 않았다. 받아들이기 힘들지만 그것은 죄의 답습이었다. 분노에 차서 폭발하는 내 모습을 보고 그대로 재연하는 아들의 모습이었다.

지금도 그렇지만, 나는 육아를 잘하는 사람이 아니었다. 그래서 늘 여유가 없고 버거웠다. 게다가 2살 터울로 낳고 임신하고 입양하고…. 막둥이 셋은 연년생들이니 극한 육아임에는 분명하지만, 그래도 그러면 안 될 모습을 많이 보였다.

지금껏 10년 동안 아이들을 계속 키워오면서 나에겐 이 분노의 문제가 가장 큰 기도 제목이었다. 부끄러운 엄마의 모습으로 도저히 살 수가 없어서 눈물로 하나님께 매달리며 발버둥을 쳐온 시간이었다.

나에게 맡겨주신 아이들을 말씀과 기도로 잘 키우려고 했고, 그래서 더욱 집중할 수 있는 홈스쿨을 주님이 주신 감동에 따라 순종하며 감당했었다. 그러나 내가 힘을 다하며 가르치려 했던 말씀과 기도보다, 의도하지 않게 삶으로 가르치게 된 분노가 아이들에게 남게 되었다.

막내를 재우고 지친 몸에 나도 같이 누웠다. 눕자마자 기도가 터져 나왔다.

"하나님 어떡합니까? 그토록 온유하고 사랑스럽게 세이가 자라오면서 이 어미의 죄 된 못난 모습을 보아오며 이렇게 변했습니다. 이 일을 어찌합니까… 이 일을 어찌합니까…. 그러나 주님, 사무엘을 기억합니다. 그 엘리 제사장의 두 아들이 얼마나 추악한 죄악들을 저지르는지 지켜보았을 사무엘을 거룩하게 지키신 하나님을 제가 잘 알고 있습니다. 엘리 제사장의 두 아들과 같이 죄인 중의 괴수인 나 같은 죄인에게서 자라난 세이도 하나님이 거룩함으로 덮으시고 보호하시면 사무엘과 같이 시대의 위대한 선지자가 될 줄로 믿습니다. 하나님, 믿음을 유산으로 물려줘야 하는데 끊지 못한 죄를 물려주게 된 저와 세이를 불쌍히 여겨주옵소서. 불쌍히 여겨주옵소서… 불쌍히 여겨주옵소서…"

막내가 깰까 봐 틀어막은 입에서 울음소리가 새어나왔다. 그렇게 나는 뜨거운 눈물을 흘리며 하나님께 세이를 올려드렸다.

하나님의 은혜는 신실해서, 하나님은 이 문제를 두고 세이와 통곡하며 기도할 수 있는 기회를 주셨다. 두 죄인이 서로 자신이 얼마나 죄인인지를 깨닫고 눈물로 용서를 구했다. 우리의 부르짖는 소리가 온 방을 가득 채웠다. 한참을 뜨겁게 기도한 후, 내가 마무리 기도하고 세이를 품에 안으며 말해주었다.

"세이야, 우리가 우리 죄를 자백하면 우리 죄를 용서해주신다고 하셨어. 그리고 예수님은 너의 그 모든 죄를 없애주시기 위해 십자가에서 죽으시고 부활하시고 모두 해결하셨어. 우리에겐 예수님을 더욱 붙드는 것밖에 없어."

그렇게 눈물로 함께 기도한 후 어느 날, 세이의 책상에서 이런 글을 써서 책상 앞에 붙여놓은 것을 발견했다.

'나는 예수님의 제자로서 훈련된 사람입니다.

내 안의 그리스도가 내 안의 잘못된 욕망보다 강하십니다.'

한때 남편이 온 집안에 붙여놓았던 글인데 세이가 이것을 자신의 고백으로 붙잡았다는 것이 참 감사했다.

나 자신을 봐도, 나의 아이를 봐도 소망이 없을 때 하나님의 은혜를 기억하자. 그 은혜는 어떠한 죄인도 품으실 수 있고 변화시키실 수 있는 역전의 은혜이다. 그 어떤 절망에서도 다시 꿈을 꾸게 하실 수 있는 능력의 은혜이다.

네가 믿느냐?

자궁외임신으로 수술한 후에 건강은 나의 큰 기도 제목이 되었다. 그 후로 계속된 임신과 출산, 입양으로 몸이 버텨내지 못할 때가 많았다. 여섯째 제이를 낳고 키울 때 나의 몸은 완전 바닥을 치게 되었다.

위의 다섯 아이와 마찬가지로 막내도 종일 거의 업고 있을 때가 많았다. 업고 있지 않으면 위의 아이들 돌보고 집안일을 다 해낼 수가 없었다. 첫째부터 여섯째까지 10년 정도를 계속 업고 있어서 그런지 막내가 8개월쯤 되었을 때 나는 극심한 허리통증이 생겨서 조금만 업고 있어도 신음소리가 날 만큼 허리가 아파왔다.

게다가 체력은 바닥나서, 배터리가 0퍼센트가 되면 핸드폰이 바로 꺼지듯이 나도 갑자기 방전된 듯 쓰러지는 일이 잦았다. 막내를 업고 밥을 먹을 때가 많아서 그런지, 피로가 쌓여서 그런지 조금만 먹어도 소화가 안 되고 꽉 막혀 있는 듯 답답할 때도 많았다. 그렇게 건강 상태가 좋지 않을 때 언니에게서 메시지가 왔다.

'미나야, 언니가 많이 아프네. 유방암이래.'

언니가 유방암이라니! 아니, 언니까지 암이라니! 믿기지 않았다. 내가 12살 때 아버지는 위암 말기로 47세의 나이로 돌아가셨고, 5년 전 오빠는 대장암 말기로 46세의 나이로 돌아가셨다. 아버지, 오빠 다 암으로 돌아가셨는데 언니까지 암이라니….

그런데 감사하게도 언니는 유방암 초기여서 수술로 치료가 가능하다고 했다. 언니를 불쌍히 여겨달라고, 언니를 살려달라고 눈물로 기도했고, 언니는 수술이 잘 되었다. 그렇게 언니의 암은 은혜로 잘 치료되었는데 나는 두려움에 휩싸이고 말았다.

'아버지도 암, 오빠도 암, 언니도 암, 그다음은 내 차례일까?'

이제 내 차례가 아닐까 하는 생각이 들어온 순간, 나는 온통 암에 대한 두려움으로 장악되었다. 지금 내 몸에서 나타나는 모든 증상이 암과 관련 있을 것 같은 생각이 들었다. 사단이 넣어준 '이젠 내 차례'라는 생각을 내가 분별해서 끊어내어야 했는데 난 품고 말았다. 암 진단을 받지 않았는데도 나는 이미 암 환자가 되어 있었다.

그렇게 마음속의 두려움으로 하루하루를 보내고 있던 어느 날, 체력이 바닥나서 돌 된 막내에게 더 이상 모유 수유를 못 할 것 같아 단유(斷乳)를 시도하며 우는 아이를 달래고 있는데 아이들과 그 당시 많이 암송하던 말씀이 떠올랐다.

예수께서 이르시되 나는 부활이요 생명이니 나를 믿는 자는 죽어도 살겠고 무릇 살아서 나를 믿는 자는 영원히 죽지 아니하리니 이것을 네가 믿느냐 요 11:25,26

이제 이번에는 주님의 음성과 같이 직접 내게 물으시는 것처럼 말씀이 들리기 시작했다.

"미나야, 나는 부활이고 생명이다. 나를 믿는 자는 죽어도 살겠고, 무릇 살아서 나를 믿는 자는 영원히 죽지 않는데 이것을 네가 믿느냐?"

정말 이 말씀을 믿는지, 믿어지는지 부드러운 음성으로 물으셨다. 아, 그 순간 나는 모든 두려움이 눈 녹듯 녹아내리고 눈물로 말씀드렸다.

'네, 주님, 믿습니다. 예수님을 믿는다는 건 죽어도 사는 일이고 영원히 죽지 않고 사는 것임을 믿습니다. 주님이 믿는 자에게 주신

영원히 사는 영생의 소망을 제가 놓치고 있었군요. 예수님 감사합니다.'

예수님은 일어나지 않은 일에 대한 막연한 추측으로 두려움에 벌벌 떨고 있던 나를 불쌍히 여기서서 찾아와 주셨다. 그리고 예수님이 십자가에서 죽으시며 모든 질병의 저주도 함께 해결하셨음을 알려주셨다.

친가 쪽에는 아버지를 포함해 큰아버지, 작은삼촌이 모두 암으로 40대에 돌아가셨다. 친가와 우리 가정에 흐르는 질병의 저주가 유일하게 예수 믿는 나에게서 떠나가기를 기도했다.

그 후 남편이 아이들을 돌보고 나를 휴가 보내줘서 한국에 가서 종합 건강검진을 받을 수 있었는데 모든 검사 결과가 깨끗하고 건강하다고 나왔다. 참으로 신기했다. 그리고 아이들을 키울 수 있도록 건강을 붙들어주시는 아버지의 은혜에 너무도 감사했다.

내가 건강을 생각하고 덜 힘든 삶을 위해 아이들을 이렇게 많이 낳고 품지 않았을 수도 있었겠지만, 한 번뿐인 인생, 하나님께서 사용하겠다 하시면 닳더라도 아프더라도 나를 드리고 싶다. 그렇게 살고 싶다.

엄마는 치료 중

나에게는 아버지와 오빠와 관련해서 잊히지 않는 기억들이 있다. 아버지가 위암으로 통증이 극심하실 때, 아버지를 대신해서 일 나가신 어머니를 찾으며 거실의 탁자를 집어 던지고 욕을 하시던 모습이 떠오른다.

아버지가 돌아가신 후 오빠와 새언니, 어머니와 나, 이렇게 함께 살았는데 오빠가 새언니에게 화가 나서 언니를 때리고 물건을 부수는 모습을 보게 되었다. 이렇듯 어릴 때부터 내가 보아온 모습은 화가 나면 소리를 지르고 욕을 하고 물건을 부수고 사람을 때리는 것이었다.

나는 삼남매 중 막내이자 늦둥이로 태어났다. 오빠와는 15살, 언니와는 12살 차이 난다. 어머니는 내가 늦둥이 막내여서 그런지 어릴 때부터 늘 나에게 "네가 뭘 할 줄 안다고 그라노?"라는 말씀을 많이 하셨다.

그리고 어머니는 생활력이 강한 분이셔서 아버지가 돌아가신 후 비가 오나 눈이 오나 빠지는 날 없이 하루도 거르지 않고 매일 일하러 가셨다. 어머니가 일하러 가셔야 했기 때문에 나는 어릴 때부터 돌봄을 받기 위해 친척 집을 다녀야 했다. 비닐봉지에 과자를 한가득 사서 눈치를 보며 이 집 저 집 들어가던 일이 아직도 생각난다.

장성한 오빠와 언니는 각자의 길로 가고, 나는 중학생 때부터 집에 혼자 있던 날이 많았다. 집에 와도 아무도 없는 빈집이 난 너무도 싫었다. 밥에 김치만 먹더라도 어머니가 일하러 가지 말고 집에 계시면서 내가 오면 따뜻이 맞이해주시면 좋겠다는 생각을 늘 했다. 외로워서 눈물짓는 날이 많았고, 벽을 보며 하고 싶은 말을 하거나 이불을 뒤집어쓰고 울며 기도하는 날이 많았다.

그런데 결혼하고 아이들을 낳고 키우면서, 화가 났을 때의 나의 모습과 부정적인 자아상들이 여과 없이 드러났다. 남편은 나에게 말했다.

"여보, 당신은 화가 났을 때 어떻게 해결해야 하는지를 배우지 못했어. 당신은 배우지 못한 거야. 이제부터라도 당신은 배워야 해. 화가 나도 침착하게 말할 줄 알아야 하고, 막 나가는 행동을 해서는 안 되는 거야."

남편의 말이 맞았다. 난 배우지를 못했다. 절제를 배우지 못했고 건강하게 해결하는 방법을 배우지 못했다. 사실은 못 배운 것이 너무도 많았다. 결혼하기 전에는 학력이 중요하다고 생각했는데 아니었다. 공부보다 더 중요한 배움이 많이 있었다.

남편과 아이들은 그런 내가 어릴 적 상처도 극복하고, 배우지 못하고 훈련되지 못한 부분들을 훈련할 수 있는 안전한 울타리가 되어주었다. 나는 아이들에게 폭발하는 분노로 못난 모습을 보였을 때 아이들에게 용서를 구했다.

"어머니가 화가 나서 심하게 한 것 정말 미안하게 생각해. 네 마음이 많이 아팠겠구나. 이런 어머니를 용서해줄 수 있겠니?"

내가 용서를 구할 때마다 아이들은 흔쾌히 용서를 해주었다. 혹시 그때 진짜 마음이 아팠던 경우에는 눈물을 흘리면서도 나를 용서해주었다.

10년 전쯤, 고형원 선교사님 사모님과 대화를 나눌 기회가 있었는데 사모님께서 이런 말씀을 해주셨다. 사모님도 네 아이를 키우고 있는데, 당신이 잘못하실 때마다 아이들에게 용서를 구한다고. 상처는 용서하지 않아서 생기는 것이지, 용서한 일은 상처로 남지 않는다고.

이 말씀을 듣고 참 많이 공감했고, 그 이후로 돌 전 아기인 아이에게도 말을 알아듣든 못 알아듣든 나의 진심을 담아 미안하다고 사과하고 용서를 구했다.

자신에 대한 부정적인 말과 생각을 고치다

그리고 나는 부정적인 자아상, 일이 닥쳤을 때 부정적으로 해석하게 되는 쓴뿌리도 있어서 낳고 입양하고를 반복하며 여섯 아이를 키워오는 동안 나 자신이 대단하다고 생각한 적이 한 번도 없었을 정도였다.

사람들이 다 대단하다고 해도 속으로 나는 '뭐가 대단해? 많이 키워도 잘 키워야 대단한 거지. 아이들에게 못난 모습 보일 때가 많은 내가 뭐가 대단하다고…' 이렇게 생각했고 도무지 나 자신을 칭찬할 줄 몰랐다.

수영을 배우기로 다짐하고 남편에게 조금씩 배워가던 때에 아이들과 함께 수영장에 갔다. 킥판을 잡고 배운 대로 연습을 하다가 잘되지 않고 힘들어서 "아이고, 힘들어서 못 하겠네. 나는 안 되나봐. 이래서 언제 제대로 수영할까?"라고 말했더니 옆에서 그 말을 들은 첫째 세이가 나에게 말했다.

"어머니, 왜 어머니는 자신에게 부정적으로 말하고 생각해요? 자신을 응원해야지요. 전 지구력은 자신 있어요. 전 저 자신을 할 수 있다고 응원하면서 해요."

세이의 말을 듣는 순간, 두 가지 마음이 공존하면서 눈물이 나려고 했다. 첫째는 부정적인 어미 밑에서 우리 세이는 자신을 응원하는 긍정적인 아이로 자라난 것에 대한 감사요, 둘째는 12살 된 아이도 저렇게 자신을 응원하며 도전하는데 38살 된 나는 아직도 이런 모습에서 변화되지 못한 것에 대한 눈물이었다.

이 일을 계기로 나의 부정적인 생각과 말에 대해 고민하게 되었는데, 어느 금요기도회에서 기도하고 있을 때 하나님께서 "부정의 악한 영이 너의 입과 마음을 꽉 사로잡고 있다"라는 마음을 강하게 주셨다.

나는 남의 눈치 볼 겨를도 없이, 하나님께서 기도하게 하시는 대로 방언으로 큰 소리로 대적하며 기도했다. 온몸에 땀이 났다. 그만하라 하실 때까지 한참을 큰 소리로 기도했다. 지난 세월 나 자신을 사랑하지 못하고, 귀하게 여기지 못하고, 위로하지 못하고, 용납하지 못했던 일들이 생각나서 눈물로 기도하기도 했다.

그렇게 한참을 기도하고 나니 자유함이 임했다. 사로잡히고 묶여 있던 것에서 풀려난 해방감이 몰려왔다. 너무도 기뻤다. 집으로 돌아와서 '말의 힘'에 대한 조현삼 목사님의 설교를 들었다. 그 후 내 안에서 놀라운 일이 일어났다. 처음에는 자연스럽지 않았지만, 의도적으로 나 자신에게 말을 했다.

어느 날은 킥판을 잡고 남편에게 배운 대로 수영 연습을 하다가 전보다 쉬지 않고 더 멀리까지 가자 "잘했어, 정말 잘했어. 거봐, 너도 하면 되잖아. 이제 머지않아 멋지게 수영할 날이 곧 올 거야. 미나 넌 할 수 있어! 암, 그렇고말고. 주변을 둘러봐. 너무 예쁘지 않아? 오늘은 참 좋은 날이야. 앞으로 하나님은 날 어떻게 사용하실까? 너무 기대된다"라며 나 자신에게 축복의 말, 믿음의 말, 칭찬의 말을 쏟아 놓는데 내 안에 계신 성령님이 춤을 추시는 것 같았다.

나에게 가정은 하나님의 사람으로 훈련되고 다듬어지기에 가장 안전한 곳이었다. 지금도 나는 이 안전한 울타리 안에서 아팠던 상처들을 치료하고, 배우지 못했던 것들을 배우고, 꿈꾸지 못했던 것들을 꿈꾸며 자라고 있다. 나의 여섯 아이들과 함께….

하나님, 저 못 하겠어요

여섯째 출산의 기쁨과 감격도 잠시, 산후조리원에서 2주간의 몸조리를 마치고 집으로 돌아온 후부터 나는 매일매일이 힘들었다. 1살, 2살, 3살, 5살, 7살, 9살. 내가 돌봐야 할 여섯 아이였다. 예상하지 못했던 것은 아니지만, 실제 상황이 되니 정말 정신이 없었고 숨이 턱턱 막힐 만큼 마음이 힘들 때가 많았다.

막내는 네 번째 출산에 네 번째 모유 수유라서 그런지 젖의 양이 더욱 부족했고 완전 모유 수유의 길은 멀어 보였다. 남편이 돕는다고 돕는데도 어른 둘이서 여섯 아이가 감당이 안 될 때가 많았다.

무엇보다 아직은 손이 많이 가야 하는 1살부터 9살까지 어린 여섯 아이의 존재 자체가 내게 두려움을 불러일으켰다. 아직 갓 태어난 막내도 적응이 안 되는데 위의 다섯 아이까지 돌보려니 마음이 심약했던 내가 두려움에 휩싸였던 것 같다.

그러고 보면 둘째 조이를 낳고 첫째 세이가 돌변했을 때도 그랬다. 부모훈련대학 강의 들으러 다녔던 대구 좋은가족교회의 권창규 목사님에게 전화해서 첫째를 어떻게 해야 할지 모르겠고 이 두 아이를 어떻게 키워야 할지도 모르겠다고 울면서 말씀드린 적이 있다. 그랬더니 목사님은 단호하게 "마음을 강하게 하세요"라고 말씀하셨다. 그 후로도 아이들이 하나둘씩 태어나고 올 때마다 마음을 강하게 하는 훈련의 연속이었다.

하지만 막내를 출산한 지 얼마 되지 않은 그 당시에는, 큰 아이들이라 하기에는 아직도 어린 위의 세 아이와 그 밑으로 줄줄이 연년생 세 막둥이의 존재는 내가 다 감당할 수 없는 아주 큰 산 같은 무거운 짐이 되어 나를 눌렀다.

결국 나는 그 커다란 두려움에 휩싸이고 말았다. 황홀했던 가정출산 덕분인지 출산 후에도 산후우울증은 없었는데 조리원에서 집으로 돌아와 6남매의 현실과 부딪치게 되니 나는 점점 더 눈물만 흘리게 되었다.

그러던 어느 날, 막내를 막 재우고 한숨 돌리려고 누워있는데 또 눈물이 흘렀다. 그러다가 큰방 창문 쪽으로 걸어가서 밖으로 뛰어내리려고 하듯 창문을 여는 나를 발견했다. 순간 정신이 번쩍 들었다.

'내가 지금 뭐 하려고 하는 거지?'

그 순간 나는 문고리를 잡고 엉엉 통곡하며 울었다.

"하나님, 제가 지금 무슨 짓을 하려고 이러고 있습니까? 어떻게 하다가 이 지경이 되었습니까?"

그렇게 한참을 울고 나서 기도했다.

"하나님, 사실은요 저 못하겠어요. 도저히 제힘으로는 이 여섯 아이를 다 못 키워낼 것 같아요. 저 앞으로 어떻게 해요? 저 어떻게 해야 돼요? 하나님 도와주세요."

두려움에 휩싸여 죽음까지 생각하고 그 밑바닥에서 실컷 울고 나니 오히려 마음이 편안해졌다.

좋으신 하나님은 나를 그렇게 내버려두지 않으셨다. 계속해서 두려움에 휩싸여 있지 않게 하셨다. 두려움에 휩싸였던 진실이 아닌 생각들을 밝히 보여주셨고, 조금씩 내 마음을 단단하게 하셨다.

셋째 때부터인가 신생아 키우느라, 적응하느라 너무 힘들 때마다 종이에 써서 잘 보이는 데 붙였던 그 작업을 다시 했다. 이번에는 세 장의 종이에 하나씩 글을 썼다.

'곧 좋은 날이 반드시 온다.'

'할 수 있다! 하면 된다! 해보자!'

'믿는 자에게 능치 못함이 없다.'

그렇게 종이에 글을 쓰는데 담대함과 비장함으로 마음이 무장되는 것 같았다. 큰 방 방문의 가장 잘 보이는 곳에 붙여서 막내를 수유할 때마다, 재울 때마다 보고 읽었다.

내 하나님을 의지하고 담을 뛰어넘나이다

하나님께서 주신 또 하나의 처방은 '시편 말씀 읽기'였다. 시편을 읽으면 좋겠다는 감동을 주셨다. 그래서 막내를 수유할 때나 재울 때 틈날 때마다 핸드폰 성경앱으로 시편을 읽어가기 시작했다. 왜 읽으라는 감동을 주셨는지 온몸으로 깨달아질 정도로, 특별히 고난 당하는 다윗의 시를 읽을 때는 나도 함께 눈물을 흘렸다. 하나님께 모든 마음을 토해내는 다윗의 고백과 그 가운데서도 하나님을 신뢰하고 바라보는 다윗의 고백이 큰 위로와 도전이 되었다. 시편을 읽다가 마음에 와닿는 구절은 계속해서 읊조리며 암송하며 꼭 붙들었다. 그중에서도 가장 큰 힘이 되었던 말씀은 시편 18편 29절 말씀이었다.

내가 주를 의뢰하고 적군을 향해 달리며 내 하나님을 의지하고 담을 뛰어넘나이다

분윳값이라도 아끼려고 막내도 완전 모유 수유를 하려고 했는데 젖양이 빨리 늘지 않아 젖을 조금 먹다가 거부하려고 하는 막내에게 조마조마하는 마음으로 젖을 먹일 때도 '내 하나님을 의지하고 담을 뛰어넘나이다'라고 속으로 계속 읊조리며 불안한 마음을 떨쳐냈다.

막내는 울고, 로이와 예이의 싸움은 말려야겠고, 위의 애들 숙제도 봐줘야 하는 정신없는 상황에서도 '내 하나님을 의지하고 담을 뛰어넘나이다'라고 암송했다. 순간순간 마음이 약해지고 자신이 없어질 때도 이 말씀을 읊조렸다.

여섯 아이의 육아 속에서 나에게는 뛰어넘어야 할 담이 많았지만, 이 말씀을 암송하면 뛰어넘고 감당할 힘을 항상 주셨다. 시편 28편의 다윗의 고백이 곧 나의 고백이 되게 하셨다.

여호와는 나의 힘과 나의 방패이시니 내 마음이 그를 의지하여 도움을 얻었도다 그러므로 내 마음이 크게 기뻐하며 내 노래로 그를 찬송하리로다 시 28:7

여섯 아이를 키워낼 자신이 없어서 문고리를 잡고 울던 나를 당신의 말씀으로 위로하고 힘을 주며 결국에는 감당케 하신 신실하고 좋으신 하나님을 찬양합니다. 심약하기 짝이 없고, 육아의 현장에서 그때나 지금이나 어쩔 줄 몰라 할 때가 많은 나에게 늘 힘과 능력을 주시기를 기뻐하시는 아버지 하나님을 찬양합니다.

여자로도 살고 싶어요

막내 제이를 출산하고 여섯 아이의 육아도 어느 정도 안정이 되어 가던 어느 날, 거울 속에 비친 내 모습을 보게 되었다. 임신과 출산이 끝났는데도 사라지지 않고 얼굴 곳곳에 퍼져있는 기미와 주근깨, 네 번째 모유 수유에 축 처진 모양새 없는 가슴, 아이를 낳았는데도 들어갈 생각을 않는 뱃살, 허벅지며 엉덩이에 마구잡이로 붙어 있는 살들….

그런 내 모습을 보는데 갑자기 눈물이 쏟아졌다. 엄마로서의 사명도 있지만, 난 여자로서도 아름답기를 바랐다. 무엇보다, 여섯 아이의 엄마지만 남편에게는 아내로서도 매력 있고 예쁜 여자가 되고 싶었다. 그런데 거울에 비친 내 모습은 여자로서 아무 매력도 없고 그냥 말 그대로 아줌마일 뿐이었다.

사실 여섯째를 출산하고 나서는 모유 수유를 위해서 내가 먹는 만큼 젖이 나올 것처럼 꾸역꾸역 먹어댔다. 밥도 국대접으로 한 그릇씩 먹었고, 간식은 필수였고, 새벽에도 수유하고 나서는 꼭 두유를 200밀리리터짜리 팩으로 하나씩 먹었다. 그렇게 먹다 보니 오히려 출산하고 나서 살은 더 급격히 쪘고, 70킬로그램에 육박하게 되었다. 155cm 작은 키에 70킬로그램이라니….

남편도 이런 내 모습이 거슬리는지 얼마 전부터 나를 자극하고 속상하게 하는 말들을 던졌다. 누가 아무 말 하지 않아도 내 모습에 혼자 마음 아파하고 있었는데 말이다. 정신없어서 거울도 제대로 들여다보지 못하던 내가 모처럼의 여유가 생겨 거울에 전신을 비춰봤더니 그 모습은 슬픔 그 자체였다. 눈물이 흘러내렸다.

'하나님, 전 여자로도 살고 싶어요. 비록 제가 많은 아이를 키우고 있지만 남편에게 사랑스러운 아내도 되고 싶고요, 사모로서도 한 개인으로서도 이런 모습으로는 살고 싶지 않아요.'

하나님은 참으로 신음에도 응답하시는 분이시다. 그리고 하나님은 한 여자가 엄마로 사는 삶에서 겪는 아픔과 눈물을 외면치 않고 돕기를 원하는 좋은 분이시다. 그날 내가 거울 앞에서 펑펑 눈물을 쏟고 난 후, 하나님은 나에게 최고의 다이어트 코치가 되어주셨다.

우선 남편의 마음을 움직여주셔서 내가 생각한 다이어트의 비용을 기꺼이 마련하게 해주셨고, 더 먹지 않아도 되는데 나중에 배고플까 봐 더 먹어둘 정도로 먹는 것에 약한 나에게 먹는 것에 둔감할 수 있는 마음도 주셨고, 쉽게 포기하는 나에게 '하나님과 남편이 주신 이 기회를 절대 놓치면 안 된다'라는 강한 정신력(?)과 인내와 끈기도 부어주셨다.

틈날 때마다 막내 제이를 남편에게 맡기고 걷기도 하고 물도 매일 3-4리터씩 마셔가며 간식의 유혹을 참아냈다. 남편이 허락해주었던 3개월이 지났을 때 10kg 넘게 감량할 수 있었다.

그렇게 살을 빼고 나니 헉헉 숨이 차던 것도 사라지고, 들어가지 않아서 입지 못했던 옷도 입을 수 있었다. 또 입긴 입었는데 울룩불룩 튀어나오는 살들 때문에 민망했던 옷들도 예쁘게 입을 수 있었다. 무엇보다 여자로서의 자신감을 회복하게 되어서 감사했고 아이들 돌보는 육아 현장에서도 좀 더 활력이 생겨서 감사했다. 그때 내가 하나님께 약속드린 것이 한 가지 있었다.

'아버지, 제가 나중에 정말로 책을 쓰게 되면 하나님은 살도 빼주

시는 하나님이라고 쓸게요! 호호호'

그때도 웃음 가득한 말이었고 지금도 웃음이 나오는 말이지만 이내 눈물이 맺힌다. 네 명의 아이들을 임신하고 출산하면서 나는 매번 이 일을 겪었다.

임신 때 체중을 잘 조절했어도 아이를 출산하고 나면 살이 급격히 쪘다. 젖양이 서서히 채워졌던 나는 빨리 모유 양이 늘었으면 하는 마음으로 억지로라도 계속 먹었기 때문이다. 완전 모유 수유에 성공하고 나면, 그때부터는 늘어난 체중 때문에 늘 마음이 힘들었다. 특히 넷째를 출산하고 나서는 1년이 지나도 살은 빠지지 않고 늘어난 체중 그대로였다.

그때 내 마음은 이제 이 임신과 출산의 과정을 또다시 겪고 싶지 않았다. 그리고 이 문제 때문에 많은 엄마들이 출산을 꺼리는 것에 대해 고개를 끄덕이며 공감할 수 있었다. 그렇게 이제 더는 '찌고 빼고'를 반복하고 싶지 않다고 생각했지만 또 주님 주시는 감동에 순종해서 막내를 임신하고 출산했고 또 살은 쪘다.

하지만 여자로서 그런 마음의 힘듦과 어려움이 있는 것에 대해서 하나님께서 '맞아. 그렇겠구나' 하며 고개를 끄덕여주셨다는 사실이, 그리고 그 울며 아파하는 나를 긍휼히 여겨주시며 그 작은 부분까지 돕기를 원하셨다는 사실이 나로 하여금 눈물짓게 한다.

자녀는 여호와의 기업

주님 마음 내게 주소서 내 아버지
주님 마음 내게 주소서
나를 향하신 주님의 뜻이 이루어지도록
주님 마음 내게 주소서

작은 방에서 피아노를 치며 부르는 세이의 찬양 소리가 밖으로 흘러나왔다. 한 곡, 두 곡 부르는 찬양이 계속되었다. 무엇 때문에 마음이 상했는지 내가 내 마음을 정돈하지 못하고 아이들에게 계속해서 심한 짜증과 화를 내었는데, 주님을 놓치고 있는 것 같은 엄마를 뒤로 하고 아들은 조용히 방으로 들어가 간절하게 찬양을 불렀다.

그 찬양 소리를 듣고 있는데 눈물이 났다. 아들의 그 찬양 소리가 엄마가 사단에게 속지 않고 다시 주님께로 돌아오기를 간절히 소원하는 노래처럼 들렸기 때문이다.

지금까지 아이들을 키워오면서, 시간이 지나도 변하지 않는 것 같은 내 모습 때문에 좌절한 적이 많았다. 여전히 자아는 죽지 않고 펄펄 살아있고, 예수 믿는 엄마로 본이 되지 못하는 것같이 사는 내 모습에 부끄러운 적도 많았다. 이런 내 모습에 절망하며 하나님께 울며 하소연하기도 했다.

"하나님, 성품도 좋고 믿음도 좋은 분들에게 감동을 주셔서 아이도 많이 낳고 입양도 하게 하시지, 왜 저 같은 자에게 이 많은 아이를 주셔서 이토록 부끄러운 모습을 보고 자라게 하십니까?"

그때 하나님께서 깨닫게 해주신 감사 제목이 있다. 그것은 내가 아이들에게 한 대로, 내가 아이들에게 보인 대로 아이들이 크지 않았다는 것이었다. 나의 밑바닥 모습 가운데서 하나님께서 아이들을 품고 지키신 흔적들, 그리고 그런 못난 어미의 모습 속에서 하나님께서 아이들을 어루만지신 흔적들이 있음을 알게 되었다.

계속해서 하나님께서 내게 말씀하셨다.

"보라. 자식들은 여호와의 기업이요, 태의 열매는 그의 상급이로다. 사랑하는 내 딸아, 네 여섯 자녀는 내 것이다. 내가 키우고 있다."

시간이 흐르면서 이 아이들이 여호와의 기업인 것을, 정말로 하나님께서 키우고 계신 것을 더욱 보게 하셨다.

하나님께서 키우신 흔적

어느 날, 학교에서 돌아온 첫째가 씻고 옷을 갈아입고 나서는 방에서 피아노를 치며 찬양을 부르기 시작했다. 제일 큰 형아가 찬양을 부르니 동생들이 한 명씩 한 명씩 뭔가 싶어서 방으로 들어갔다. 나는 설거지를 하고 있었는데 아이들의 찬양 소리가 너무도 커서 무슨 일인가 싶어서 갔더니 첫째의 피아노 반주에 맞추어 다들 열창을 하며 찬양을 부르고 있었다.

그 모습을 보는데 너무도 감격스러웠다. 하나님은 이 여섯 아이의 큰 찬양 소리 속에서 영광을 받고 계셨다. 하나님께서 내게 말씀하신 것이 맞았다. 이 아이들은 하나님의 아이들이 맞았고, 하나님께서 이 아이들을 당신을 경배하는 아이들로 키워오신 것이 맞았다.

부정적인 자아상 때문인지 나는 후회하는 말을 자주 하곤 했다.

"그때 그렇게 하지 말았어야 했는데…. 아, 이렇게 할 걸 내가 괜히 그랬나? 잘못했나?"

이런 후회의 말로 마음이 낙심되려고 했는데 둘째 조이가 나에게 이렇게 말했다.

"어머니, 아버지께서 후회는 사단이 주는 거라고 하셨어요. 후회하지 마세요."

10살 된 아들의 진지하고도 단호한 이 말에 나는 입을 다물 수밖에 없었다. 또 한번은 셋째 태이가 학교에서 돌아오더니 들뜬 표정으로 이런 말을 했다.

"어머니, 오늘 학교에서 친구가 절 괴롭혀서 화도 나고 기분이 나빴어요. 그런데 그때 제가 이 말씀을 암송했어요. '육신의 생각은 사망이요 영의 생각은 생명과 평안이니라. 로마서 8장 6절 말씀, 아멘' 이렇게 하고 나니까 마음이 평안해졌어요."

태이의 이 고백을 듣는데 온몸에 전율이 느껴졌다. 바보 엄마는 알 수 있었다. 아이들에게서 이런 감격스러운 모습을 대할 때마다 이것은 내가 이렇게 키운 것이 아님을. "네 여섯 자녀는 내 것이다, 내가 키우고 있다"라고 말씀하신 하나님께서 아이들을 키우신 흔적인 것을….

하나님께서 만지시면 변화는 한순간이다

하나님은 "보라 자식들은 여호와의 기업"이라는 것을 말씀하시기 위해 또 다른 면으로 둘째 조이를 통해서 나에게 강력하게 보여 주신 일이 있었다.

조이도 세이와 마찬가지로 어릴 때부터 암송을 시켰고, 그렇게 암송을 하며 자라왔지만 9살이 될 때까지도 말씀을 정확하게 외우는 것을 힘들어했다. 그리고 암송하는 것에 별로 마음이 없어 보일 정도로 어머니가 하라고 하니 억지로 하는 모습이었다. 그런 조이를 보며 한숨 짓는 날들도 많았다.

그런데 정말로 어느 날부턴가 조이가 말씀을 정확하게 암송할 뿐만 아니라 암송하기까지의 속도도 아주 빨라졌다. 더 나아가, 오늘 분량만 하는 것이 아니라 내일 분량까지 스스로 진도를 더 나가는 모습도 보였다. 나는 그때 우리 조이를 통해서 깨닫게 되었다.

'하나님께서 만지시면 아이가 변하는 것도 한순간이구나.'

그리고 여덟 식구 대가족 안에서 우리 아이들은 각자가 맡은 집안일이 다른 가정보다 많은 편이다. 다 각자 하는 일이 많은데 그 속에서 우리 조이는 늘 뒤에서 섬김만 받으려 하고, 때로는 아이지만 너무 이기적인 것 같아 보였다. 그럴 때마다 가끔은 참지 못하고 "조이야, 넌 왜 먼저 섬길 줄은 모르는 거야! 왜 너밖에 몰라? 그래서 무슨 지도자, 리더가 되겠어?"라고 쏘아붙였다.

그러던 어느 날, 조이의 이런 모습을 놓고 낙심만 할 것이 아니라 기도를 해야겠다는 마음이 들었다. 새벽기도에 나가서 간절히 조이를 위해 기도했다. 이 땅에 사람의 몸을 입고 오실 때 섬김을 받으러 오신 것이 아니라 섬기러 오셨다고 말씀하신 우리 주님과 같이, 조이가 주님의 사랑을 경험하고 그 사랑으로 사람들을 섬기는 자, 살리는 자가 되게 해달라고 간절히 기도했다.

그렇게 기도하고 집에 돌아와서 아이들 도시락 싸고 아침 식사를 준비하고 있는데 갑자기 조이가 우리 가족들 수에 맞게 컵과 물을 챙기는 것이었다. 순간 너무 놀랐다. 내가 하라고 말한 것도 아닌데, 그 전날까지도 형과 동생이 챙겨주는 물을 먹던 조이가 어떻게 갑자기 이렇게 변할 수 있단 말인가.

이 일을 통해 두 가지를 깨달았다. 우선은 믿는 자의 삶 속에서 어떤 일에 대해 기도할 마음을 주신다는 것은 하나님께서 역사하시겠다는 사인이라는 것을 다시 한번 느끼게 되었다. 그다음으로는 "자식들은 여호와의 기업"이요 "내 소유"라고 말씀하시는 하나님 앞에서 자녀를 함부로 판단하고 단정해서는 안 된다는 것이다.

나는 조이의 이 일을 통해서 자녀에 대해 눈앞의 모습만 보고 쉽게 낙심하고 판단한 것을 회개하게 되었고, 하나님께서 역사하시면 아이가 바뀌는 것이 정말 한순간이기에 나중에 부끄러움을 당하지 않기 위해서 생각과 말을 조심하고 더욱 인내하며 기도하는 어미가 되어야겠다는 다짐을 하게 되었다.

　아이들을 키우면서, 어미 되고 아비 된 우리의 모습 때문에 절망하고 좌절하게 되는 순간들이 누구나 있을 것이다. 하지만 그 때 "자식들은 여호와의 기업"이라는 말씀과 함께 "네 자녀는 내 것이다. 내가 키우고 있다"라는 하나님의 음성이 우리 귀에 크게 울려 퍼질 수 있기를. 그리고 그렇게 말씀하신 하나님께서 우리 아이들을 키우고 계시는 흔적들을 보며 "태의 열매는 그의 상급"이라는 말씀을 더욱 기쁨으로 삶에서 누릴 수 있기를….

4장

바보 엄마는 말씀으로 양육했다

도대체 어떻게 키워야 합니까?

첫째 세이가 돌 지난 어느 여름 휴가 때 우리 가족은 시댁에 갔다. 주일이 되어 어머님이 나가시는 교회에 가서 함께 예배를 드리는데 그날따라 유난히 세이가 예배 때 잘 있지 못하고 그 시골 교회 안에서 예배에 방해가 되는 듯했다.

결국 나는 세이를 업고 밖으로 나와서는 세이에게 상한 마음을 그대로 토하면서 왜 그러냐며 온갖 짜증을 냈고, 급기야 업혀 있는 세이를 한 대 쥐어박기까지 했다. 그렇게 주일을 보내고 내 마음은 편치 않았다.

그즈음에 나는 세이의 인성, 영성, 학습적인 부분을 어떻게 잘할 수 있을지 수첩에 나름의 계획이나 방향 같은 것을 적으며 고민하고 있었다. 나는 엄마로서 앞으로 어떻게 잘 키울지를 고민하고 있

는데 아이는 내가 꿈꾸는 것과 반대되는 행동들을 하는 것이 화가
나기도 하고 마음도 자꾸 불안해졌다.

　그 주일 이후 불편한 마음을 지우지 못한 채 그렇게 하루하루를
보내고 있던 어느 날, 하나님의 음성이 들려왔다.

　"미나야, 세이를 많이 사랑해주어라."

　보다 못한 하나님께서 한마디 하신 듯한 느낌이었다. 어떻게 하
면 잘 키울 수 있을지 고민하는 내게 가장 중요하고 가장 먼저 되
어야 하는 한 가지가 있다고 알려주시는 듯했다. 그것은 바로 내게
맡겨주신 이 아이를 사랑하는 것이었다.

　주님의 단 한 문장의 이 말씀이 계속해서 생각되었고 묵상할수록
눈물이 났다. 그렇다. 뭔가를 가르치려 하기보다 사랑이 먼저이다.
그날 이후 나의 기도 제목은 세이를 많이 사랑해주는 엄마가 되는
것이었다.

　어느 금요철야예배 때, 난 하염없이 울며 하나님께 부르짖고 있
었다.

　"아버지, 전 앞으로 이 아이를 어떻게 키워야 합니까?"

　세이가 두 돌이 될 즈음, 정말로 이 아이를 앞으로 어떻게 키워
야 할지 모르는 무지와 씨름하고 있었다. 세상에는 많은 육아서적
이 있고, 주변에서도 이렇게 저렇게 아이들을 키우는 엄마들을 많이

보지만 정말 하나님께서 나에게 "이것이다"라고 말씀해주시는 것을 알고 싶었다. 그리고 아이를 키우면서 수없이 경험했던 바보 같은 나의 모습 때문에 갈수록 육아에 자신이 없었다.

그 예배 때, 이런 감정들이 이제 더는 버틸 수 없는 지경에 다다르자 나는 다짜고짜 어떻게 키워야 하냐고 눈물로 부르짖으며 질문하고 있었다.

"하나님께서 안 가르쳐주시면 저는 진짜 아무것도 모릅니다. 잘 아시잖아요. 정말 앞으로 전 어떻게 해야 합니까?"

그렇게 한참을 나의 무지함과 나의 무능력함을 토하며 눈물로 기도하고 있을 때, 마음에 주님의 음성이 들려왔다.

"사랑하는 내 딸아, 말씀으로 키워다오."

그러면서 그 당시에 정확히는 몰랐지만 대충 많이 들어서 알고 있었던 디모데후서 3장 16,17절의 말씀이 생각나게 해주셨다.

모든 성경은 하나님의 감동으로 된 것으로 교훈과 책망과 바르게 함과 의로 교육하기에 유익하니 이는 하나님의 사람으로 온전하게 하며 모든 선한 일을 행할 능력을 갖추게 하려 함이라

"네, 아버지. 잘 알겠습니다. 전 정말 세이가 하나님의 사람으로

온전하게 된다면, 모든 선한 일을 행할 능력을 갖추게 된다면 그것 밖에 바랄 것이 없습니다. 그것만이면 됩니다. 진짜로요."

"말씀으로 키워다오"라는 아버지의 음성을 듣고 나니 마음이 너무나 가벼웠다. 말씀으로 키운다는 것이 구체적으로 어떤 것인지 당장에는 그림이 그려지지 않았지만, 하나님께서 내게 말씀해주시고 가르쳐주셨다는 것이 너무도 감격스러웠다.

그날 이후 시간이 될 때마다 검색창에 말씀과 관련된 것을 검색해보았는데 그때 하나님은 내게 말씀 암송에 대한 마음을 주셨고, 여운학 장로님의 '303비전성경암송학교'를 알게 해주셨다.

감사하게도 집에서 멀지 않은 교회에서 이 성경암송학교가 열린다는 것을 알게 되어 첫째 세이를 업고 참가하게 되었다. 생각했던 것보다 많은 엄마와 아이들이 있었고, 함께 말씀을 암송하는 것을 보니 흥분이 되었다. 무엇보다 여운학 장로님이 작사하신 암송학교 주제가를 들으니 눈물이 났다.

엄마와 함께 암송한 하나님 말씀을
내 평생 묵상하면서 내 양식 삼으니
나의 모든 삶이 말씀으로 찼네
복되고도 즐겁도다 묵상의 삶이여
어린 시절 외운 말씀 영원한 보배라

어릴 때 즐겨 암송한 진리의 말씀이

어려울 때나 슬플 때 참된 위로 주시고

주의 선하신 뜻을 밝히 보이시네

복되고도 즐겁도다 묵상의 삶이여

어린 시절 외운 말씀 영원한 보배라

힘써서 외운 이 말씀 생명의 말씀이

믿는 자 마음 속에서 역사하시도다

신비한 능력의 말씀 내 생명 깨워주시네

복되고도 즐겁도다 묵상의 삶이여

어린 시절 외운 말씀 영원한 보배라

"말씀으로 키워다오"라는 주님의 음성만 듣고 어떻게 말씀으로 키워야 하는 건지 아무것도 몰랐던 나를 하나님은 '303비전성경암송학교'를 통해 왜 말씀 암송을 시켜야 하는지부터 어떻게 말씀 암송을 시켜야 할지 배우게 하셨다. 그리고 '왐(wise mother)모임'을 통해 말씀을 먹이는 엄마들과 교제하게 하시고, 지금도 언제든 연락하며 물어보고 조언을 구할 귀한 분들도 만나게 해주셨다.

여운학 장로님이 선별하신 말씀으로 제작된 성경암송 노트책으로 순서대로 하면 되니 어떤 말씀부터 암송시킬지에 대한 고민도 사라졌다. 어떻게 암송시킬지에 대한 고민도 사라졌다. '하나비 암송법'으로 말씀을 조금씩 나누어 처음엔 짧게, 그다음에 좀 더 살을 붙여서 차근히 반복하다 보면 긴 말씀도 어린아이가 충분히 암송할 수 있었다.

그렇게 시작된 말씀 암송이 첫째 세이부터 여섯째 제이까지 흘러오고 있다. 하지만 나는 의지가 약한 엄마였고, 쉽게 포기도 잘하는 못난 엄마였다. 죄 중에 있는 내 모습에 낙심해서 '나 같은 엄마가 무슨 암송을 시킨다고…' 하면서 암송을 중단할 때도 많았다. 그리고 이만큼 했으면 할 법도 한데 암송하지 못하는 아이에게 소리 지르는 미성숙한 엄마의 모습도 있었다.

그런 내가 수없이 넘어지고 중단하고 하면서도 다시 시작하고, 또다시 일어설 수 있었던 것은 "말씀으로 키워다오"라고 끊임없이 부탁하시는 주님의 음성 때문이었다.

헤븐리 홈스쿨을 시작하다

남편이 대구에서 사역하던 교회에는 교회 부설 어린이집이 있었다. 4살이 되면 어린이집에 입학할 수 있었는데 첫째 세이가 3살이었던 어느 날 남편이 말했다.

"내년에 세이를 어린이집에 보내지 말고, 앞으로 우리는 홈스쿨 했으면 좋겠어."

"뭐라고요? 홈스쿨? 갑자기 웬 홈스쿨?"

"내게 그런 마음을 주시네."

그러면서 남편은 《홈스쿨링》(레이 볼만, 홈앤에듀)이라는 책을 내게 건네주고는 그렇게 출근해버렸다. 나는 좀 당황스러웠다. 이제 곧 있으면 둘째도 태어나는데 나보고 애 둘을 종일 어떻게 보라고, 그리고 어린이집 대신에 나보고 집에서 가르치라니 이게 무슨 말인가 싶어서 화가 나기도 하고 어리둥절하기도 했다.

세이가 낮잠 잘 때마다, 틈이 날 때마다 남편이 읽어보라고 한 홈스쿨링 책을 읽기 시작했다. 책을 읽어갈수록 막연하게 부정적으로 생각하고 자신 없게 여겼던 것들이 '아, 그렇구나' 하고 새롭게 깨달아지기 시작했다. 무엇보다 신앙적인 교육에 있어서 홈스쿨의 장점이 내 마음에 들어왔다. 아이가 무엇을 먼저 배워야 하는지, 무엇이 더 중요한지를 생각해보니 남편의 말이 맞다는 생각이 들었다.

책을 다 읽고 누웠는데, 하나님께서 내게 시편 23편의 말씀이 떠오르게 하셨다.

여호와는 나의 목자시니 내게 부족함이 없으리로다

그가 나를 푸른 풀밭에 누이시며 쉴 만한 물가로 인도하시는도다

내 영혼을 소생시키시고

자기 이름을 위하여 의의 길로 인도하시는도다

내가 사망의 음침한 골짜기로 다닐지라도
해를 두려워하지 않을 것은 주께서 나와 함께하심이라
주의 지팡이와 막대기가 나를 안위하시나이다
주께서 내 원수의 목전에서 내게 상을 차려주시고
기름을 내 머리에 부으셨으니 내 잔이 넘치나이다
내 평생에 선하심과 인자하심이 반드시 나를 따르리니
내가 여호와의 집에 영원히 살리로다

한 구절 한 구절 작은 소리로 암송하는데 눈물이 났다. 주님이
이렇게 말씀하시는 듯했다.

"미나야, 네가 힘들 거라고 생각하는 환경 가운데서 난 너를 푸
른 풀밭에, 쉴 만한 물가로 인도하며 네가 감당할 수 있게 할 거
야. 그리고 네가 불가능하다고, 너는 못 할 거라고 생각하는 것
들, 내가 내 지팡이와 막대기로 너를 도울 거야."

결국 세이를 어린이집에 보내지 않고 홈스쿨을 하기로 했다. 그
런데 결정하고 난 이후로부터 세이가 4세가 될 때까지 내 마음이
흔들릴 때가 많았다. 둘째를 임신한 몸으로 온종일 세이를 돌보다
가 금요예배에 가면 "아버지, 저 못하겠어요. 지금도 이렇게 힘든데
어떻게 감당하겠어요? 저 못 해요."

감동 주실 때는 하겠다고 해놓고는 막상 하려고 하니 힘드니까 못하겠다고 울고불고하는 내 모습이 하나님 보시기엔 어땠을까. 그럴 때마다 하나님께서는 내게 이 말씀을 들려주셨다.

내가 네게 명령한 것이 아니냐 강하고 담대하라 두려워하지 말며 놀라지 말라 네가 어디로 가든지 네 하나님 여호와가 너와 함께하느니라 하시니라 수 1:9

그 말씀을 울며 선포하며 '맞아. 하나님이 하라고 하신 거지. 반드시 도와주실 거야. 반드시 함께해주실 거야'라고 마음을 다잡았다. 그렇게 시간이 흘러 둘째는 태어났고, 첫째 세이는 교회 친구들이 모두 어린이집에 입학했지만 홀로 홈스쿨을 시작했다.

헤븐리 홈스쿨의 커리큘럼

말은 거창하게 '홈스쿨'이었지만 대단할 것은 없었다. 나에게는 갓 백일이 지나 밤낮 없이 돌보아야 할 둘째가 있었기 때문이었다. 세이와 내가 하는 일이라고는 둘째 조이가 오전 낮잠을 잘 때, 그날 해야 할 말씀을 암송하고 그 말씀대로 살 수 있도록 함께 손을 잡고 기도하는 것이었다. 그러고는 〈쁘티〉라는 유아용 큐티책으로 엄마 나름대로 말씀을 설명하고 큐티책에 있는 대로 그 날치 활동을 하면 끝이었다.

그렇게 세이는 암송과 큐티를 하고 난 뒤에는 계속 놀았다. 주로 산책을 많이 다녔던 것 같다. 책을 10권, 20권 쌓아두고 읽어주거나, 놀이터에 데려가서 놀거나, 동네 주변을 구경하며 산책했다.

첫째 세이가 9살이 될 때까지, 그리고 그 밑에 동생들 다섯째까지 5명의 아이들과 홈스쿨을 하면서 '진짜 나는 바보 엄마구나'라고 생각이 든 것은 홈스쿨의 커리큘럼이 오직 말씀 암송, 큐티, 성경 읽기밖에 없었기 때문이다.

아침을 먹고 정리하고 나면 오전 9시쯤 되었는데, 그때부터 첫째부터 한 명씩 방으로 들어오라고 하고 한 명씩 암송시키고 기도해줬다. 그리고 난 뒤 연령별로 같이 큐티하고, 큰 애들은 그날 분량의 성경을 읽었다. 이렇듯 암송과 큐티, 성경을 읽는 것이 끝나면 아이들은 오늘 해야 할 일을 다 한 것이다.

책을 읽거나 놀이터에 나가서 놀게 하다가 12시가 되면 점심을 먹였다. 식사 후엔 어린 동생들은 낮잠을 재우고 큰아이들은 같이 자거나 책 읽는 자유시간을 보냈다. 그러다가 저녁 먹고 씻고 예배 드리고 자는 것이 헤븐리 홈스쿨의 전부였다.

아무리 그래도 그렇지 이건 아니다 싶어서 주변 홈스쿨 하시는 분들에게 아이들에게 뭘 가르치시는지 물어도 보고, 인터넷으로 검색도 해보고 했지만 엄두가 나지 않는 것들이 많았다.

첫째 이후로 낳고 입양하고를 반복하며 신생아들을 계속 키우다 보니 나에게 이것만으로도 벅찰 때가 많았기에 더 이상 다른 커리큘럼을 알아보는 것도 포기했다. 그래서 첫째 세이가 9살 되고 말레이시아로 선교 나올 때까지 우리는 말씀만 하는 홈스쿨이었다. 전쟁 같은 시간도 많았지만 홈스쿨의 이름 그대로 천국에 온 것 같은 시간도 많았다.

아직도 눈에 선하다. 그날의 흥분과 감격, 행복이…. 세이, 조이와 함께 큐티를 했는데 그날 큐티에서 승리의 깃발을 만드는 과제가 있었다. 아이들과 멋지게 깃발을 만들고 나서 우리는 그 당시 즐겨 불렀던 '빛의 사자들이여'를 큰 소리로 부르며 집 안 곳곳을 행진했다.

빛의 사자들이여 어서 가서 어둠을 물리치고
주의 진리 모르는 백성에게 복음의 빛 비춰라
빛의 사자들이여 복음의 빛 비춰라
죄로 어둔 밤 밝게 비춰라 빛의 사자들이여

아이들과 하하 호호 기뻐하면서 신나게 행진했지만 마음속으로는 울며 기도하고 있었다.

'주님! 우리 세이, 조이가 지금의 찬양 가사로 고백하는 것처럼 죄로 어두운 이 세상을 밝게 비추는 빛의 전도자들이 다 되게 하옵소서.'

말씀이 우선순위 되는 말씀 훈련

한국에 있을 때 홈스쿨 하는 믿음의 가정들을 보고 만나면서 홈스쿨을 선택하신 주된 이유가 세상의 가치와 세계관에 물들지 않고 하나님 중심, 말씀 중심의 아이로 거룩하고 순결하게 자라게 하기 위한 것임을 알게 되었다.

나 역시도 철저히 그러했다. 말씀만 하는 홈스쿨에서 다른 목적이 무엇이 있었겠는가? 하나님께서 주신 감동과 명령처럼, 아이들이 먼저 알아야 할 것이 있고 먼저 배워야 할 것이 있다고 생각했다.

그런데 말레이시아 선교를 와서부터는 온 가족의 비자 해결과 아이들의 언어훈련을 위해 아이들을 학교에 보내고 있다. 홈스쿨은 옛 추억과 같은 시간이 되었고, 언제 그랬냐는 듯이 아이들을 학교에 보내면서 의문이 들었다.

'그때는 하나님께서 왜 홈스쿨을 하게 하셨을까? 지금은 왜 학교를 보내는 것에 대해 부담을 안 주실까?'

시간이 지나면서 그 물음에 대한 해답을 찾았다. 그것은 바로 말씀 훈련이었다. 아이들에게도 어미인 나에게도 말씀의 훈련이 필요했다. 아이들의 집중도가 제일 높은 그 오전 시간에, 하루 일과 중제일 먼저 말씀을 암송하고 묵상하고 읽는 것은 말씀을 늘 대할 줄 아는 사람으로 훈련 시키는 과정이었다.

"말씀으로 키워다오"라는 주님의 음성을 듣고 마음은 뜨거웠지만, 아이들을 암송시킬 때 나에게는 다듬어지지 않고 훈련되지 않은 미성숙한 부분이 너무도 많았다. 그런 내 모습에 낙심이 되어 그만뒀다가 또다시 주님 앞에 울며 회개하고 다시 아이들을 다독여 말씀을 먹이고, 어떻게 하면 기쁘게 은혜 가운데 아이들에게 말씀을 먹일 수 있을까를 고민했다.

엄마인 나도 암송이나 큐티, 성경 읽기가 체질화되지 않아서 그런 내 모습에 절망도 수없이 했다. 의지와 끈기가 약한 내가 그래도 아이들에게 이렇게 말씀 훈련을 시킬 수 있었던 것은 홈스쿨을 했기에 가능했던 것 같다.

학교, 유치원도 안 보내는데 이거라도 안 하면 안 되겠기에 그렇게 몸부림을 치고, 넘어지고, 좌절하고, 낙심하고를 수없이 했던 그 시간을 통해서 하나님은 나와 아이들을 훈련하셨다. 학교를 가든 안 가든, 내가 어떤 상황에 있든 간에 상관없이 말씀을 암송하고 묵상하고 읽는 말씀의 사람으로….

만약 내가 홈스쿨을 하지 않았더라면 어떻게 되었을까? 아이들을 학교, 유치원에 보내면서도 이런 말씀 훈련의 기틀을 다질 수 있었을까? 심령의 연약함은 이루 말할 것이 없고, 쉽게 포기하는 내가 학교, 유치원에서 진을 빼고 온 아이들을 앉혀놓고 이렇게 할 수 있었을까? 거기다가 숙제까지 많고, 시험 기간이 되어 공부해야 할 것이 쌓여 있는데도 "자, 암송 시작하자. 큐티도 하고 성경도 읽어야지!"라고 말하며 아이들을 붙잡고 할 수 있었을까?

홈스쿨을 하면서 매일 암송과 큐티를 하고 성경을 읽었던 첫째,

둘째, 셋째는 학교를 다니면서도 숙제가 많든 시험 기간이든 상관없이 자기들이 당연히 해야 할 일들로 생각하고, "자, 할 거 해라" 하면 성경과 큐티책을 펼친다.

위의 아이들이 늘 그렇게 하는 모습을 태어나면서부터 보며 자란 막둥이들은 자기들도 그렇게 하는 것을 당연하게 생각하고 유치원을 다녀와서도 암송하자고 하면 싫다는 소리 없이 열심히 따라 한다.

문득 내가 바보 엄마인 것이 너무도 감사했다. 어떻게 해야 할지 모르기에 하나님께 여쭤볼 수 있었고, 잘 모르기에 하나님께서 하라고 하신 것이 가장 좋은 것인 줄 알고 순종할 수 있었다.

홈스쿨을 하면서는 매일 아이들을 온종일 돌봐야 하는 것이 힘들고, 특히나 하루 세 끼를 다 챙겨줘야 하는 것이 너무도 고되어 왜 이렇게 홈스쿨을 해야 하냐고, 학교든 유치원이든 다 보내고 싶다고 하나님께 큰 소리로 불평을 쏟아 놓을 때도 많았는데 지나고 보니 그때 하지 않았으면 지금의 이 열매를 누릴 수 없는, 꼭 필요한 시간이었음에 고개가 숙여진다. 내가 바보일수록 하나님의 지혜는 더욱 탁월하게 역사하신다.

조이의 말더듬

둘째 조이가 4살쯤 되었을 때, 갑자기 어느 날부터 아이가 말을 더듬기 시작했다.

"어, 어, 어머니, 물, 물, 물 좀 주, 주세요."

처음에는 당황하고 놀라긴 했지만 기도하고 시간이 지나면 괜찮아지겠지 생각했는데 시간이 지날수록 괜찮아지기는커녕 점점 더 심해졌다. 급기야, 어머니의 '어'자를 반복하다가 말을 못 하겠다는 듯이 울어버리는 일까지 벌어졌다. 도대체 이게 무슨 일인가? 어디서부터 어떻게 해야 할지 알 수가 없었다.

아이들을 데리고 금요철야예배에 갔다. 아이들을 다 재우고 기도를 하는데 오열하는 눈물이 쏟아졌다.

"하나님, 우리 조이 어떻게 해요? 조이 어떻게 해요?"

말도 나오지 않고 엉엉 울기만 했다. 그리고 조이가 말을 더듬게 된 것도 모두 다 내 잘못인 것 같았다. 조이가 말을 더듬기 시작하기 얼마 전에 아이들 앞에서 폭발하는 분노를 쏟아 놓은 일이 있었는데 그때 조이가 충격을 받았나 싶기도 하고, 아무튼 모두 다 못난 어미 된 나로 인해 그렇게 된 것 같은 마음이 들어 가슴이 찢어질 듯이 아팠다.

너무 가슴이 아파서 몸을 비틀며 그렇게 눈물로 한참을 기도하다가 내 입에서 나온 짧은 기도, "하나님, 도와주세요. 하나님은 하실 수 있잖아요."

그렇게 나는 하염없이 흐르는 뜨거운 눈물과 줄줄 흐르는 콧물, 그리고 너무 간절하니 입에서 침까지 흘리며 도움을 요청하고 있었다. 그때 나는 내 생애 처음으로 어미의 기도가 이런 것이구나 하는 것을 경험했다. 눈물, 콧물, 침까지 흘려가며 자식을 고쳐달라고 애원하는 어미의 기도….

그날 이후로도 나는 기도할 때마다 말더듬이 고쳐지지 않는 조이를 위해 마음이 찢어지는 아픔으로 통곡하며 기도했다. 조이의 말더듬은 나아지지 않았지만 어미 된 나의 마음이 변화되었다. 그 당시 내가 썼던 글을 보면 알 수 있다.

'조이의 말더듬이 자꾸 맘이 아프다. 그래도 하나님의 아들임을 잊지 말자. 주께서 계획이 있으시겠지. 시간이 흘러 언제 그랬지 하는 날이 올 수도 있고, 아니면 고쳐지지 않아도, 말을 더듬는 대신 다른 귀한 은사를 주시겠지. 내 손에 있는 일이 아니니 마음을 내려놓자.'

주변에서 언어치료를 권하기도 해서 병원에 가서 진료를 봤더니 의사 선생님이 언어치료가 필요한 상태라고 진료의뢰서를 써주셨다. 하지만 조이 뿐만 아니라 돌봐야 할 두 아이가 있고 나는 임신한 상태라 조이를 데리고 일주일에 몇 번씩 언어치료 받으러 다닐 엄두가 나지 않았다.

어떻게 해야 할지 하나님께 여쭤보며 기도하는 가운데 하나님께서 내게 한 가지를 말씀해주셨다. 조이가 말을 더듬더라도 말씀 암송을 놓치지 말고 계속 꼭 붙들고 나아가라고 하셨다.

하나님께서 말씀해주신 대로 매일 조이를 앉혀놓고 조이에게 부담이나 스트레스가 되지 않을 만큼 조금씩 천천히 암송을 시켰다. 그렇게 몇 달이 지난 어느 날, 놀라운 사실을 발견했다. 평소에 말을 할 때는 말을 더듬는 조이가 자기가 외운 말씀을 암송할 때는 말을 더듬지 않는다는 것을 알게 된 것이다. 오, 할렐루야! 저녁 때 집에 돌아온 남편에게 들떠서 말했다.

"여보! 조이가 말씀을 암송할 때는 말을 더듬지 않아요!"

남편도 놀라워했다. 이미 우리에게 조이의 말더듬은 해결된 것과 다름없었다. 그렇게 조이는 계속해서 말씀을 암송했고, 시간이 흐르면서 말더듬도 자연스럽게 완전히 사라졌다. 10살 된 지금 조이는 말레이시아에서 한국말도 영어도 잘하는 멋진 아들이 되었다.

어찌해야 할지 아무것도 몰라 눈물, 콧물, 침까지 흘리며 하나님만 붙들었던 바보 엄마에게, 좋으신 하나님은 말씀이라는 치료약을 처방해주셨고, 그 처방전에 따라 말씀약을 먹였더니 아이는 회복되었다.

말더듬이 회복된 이후로 조이는 자라면서 식사기도나 가정예배 대표기도를 시키면 꼭 온 세상에 밥 못 먹고 굶고 있는 아이들이 먹을 수 있게 해달라고, 그리고 온 세상에 복음을 전하게 해달라고,

온 세상 사람들이 예수님을 믿게 해달라고 기도했다.

앞으로 어떤 모습으로 자라날지 알 수 없지만, 조이를 회복시켜 주신 말씀을 평생 꼭 붙들 수 있기를, 기도한 대로 열방에 복음을 전할 아이로 자라나기를 소망한다.

말씀 가지고 장난쳐서 죄송해요

첫째부터 넷째까지 말씀 암송으로 홈스쿨 하고 있던 어느 날, 노회 성경암송대회가 열린다는 소식을 듣게 되었다. 그런데 그때 내 마음에 들어온 생각 하나가 있었다.

'우리 아이들은 매일 말씀을 암송하니 노회 암송대회에서도 분명히 상을 탈 수 있을 거야. 상을 타게 되면 얼마나 인정을 받을까? 이렇게 홈스쿨 하는 것에 대해서도 뭐라 할 말도 있고.'

내가 깨어 있었으면 바로 끊어내었어야 할 생각이었다. 그런 마음으로 암송대회를 준비하면 안 되었다. 그런데 나는 나 자신과 아이들에게 말씀을 선포해야 한다는 그럴싸한 말로 포장하고 이 일을 준비하게 되었다.

첫째 세이와 둘째 조이가 출전할 수 있었고, 두 아이 모두 암송은 순조롭게 진행되었다. 지혜를 달라고 기도한 후 우리는 열심히 한 절씩 추가해나갔다. 암송대회 전까지 여유롭게 암송을 마쳤다.

대회 전날, 유치부 전도사님이 예행 연습으로 출전하는 아이들을 소집하셨다. 유치부실에서 한 아이씩 앞으로 나와서 마이크를 잡고 암송을 하기 시작했다. 세이, 조이도 차례가 되어 앞에 나가서 했는데 두 아이 모두 실수를 많이 했고 자신감도 없어 보였다. 내가 예상하고 기대했던 장면이 아니었다. 나는 두 아이 모두 자신감 있게 큰 소리로 완벽히 술술 암송하는 모습을 기대했는데 말이다.

장소를 옮겨 본당 무대에 가서 아이들 한 명씩 해보는 연습을 했는데, 세이와 조이는 아까보다 더 엉망으로 암송을 했다. 나는 더 이상 그 모습을 볼 자신이 없어 나가버렸다. 실망감이 한없이 몰려왔다. 그래도 아직 남은 시간이 있다고 나 자신을 위로하며 마음을 추스렸다.

예행 연습을 마치고 아이들을 교회 공터로 데리고 나와 큰 소리로 하도록 연습을 시켰다.

"개미 같은 소리 말고, 크게 하란 말이야. 더, 더! 좀 더 크게 해봐! 그렇지, 그렇게 말이야!"

집으로 와서도 실수 없이 완벽하게 하도록 또 다시 맹연습을 시켰다. 아이들은 점점 지쳐가는 것 같았다. 그래도 나는 오늘만 고생하면 내일의 기쁨이 있다는 마음으로 아이들을 더욱 닦달했다.

그렇게 힘든 금요일을 보내고 금요성령집회에 갔다. 불이 꺼지고 개인기도 시간이 되었다. 무엇을 기도해야 할지 모르는 막막함이 들었고, 아무 말씀도 드리지 못한 채 가만히 있는데 내 안에 탄식하시는 성령님이 느껴졌다. 그제서야 정신이 들었다.

'지금까지 내가 뭘 한 거지? 무슨 짓을 한 거지?'

통곡이 터져 나왔다. 펑펑 울었다.

"아버지, 제가 잘못했어요. 정말 너무 죄송해요. 제가 다른 것도 아니고 말씀을 가지고 장난을 치다니요. 말씀을 가지고 자식에 대한 추악한 욕심을 보이고, 말씀을 가지고 사람 앞에서 인정받으려 하다니요. 하나님, 너무 죄송해요. 말씀으로 키워달라시던 주님의 부탁에 순종하여 시작한 말씀 암송 아닙니까? 이 말씀대로 사는 것이 중요하다며 아이의 손을 붙잡고 눈물로 이 말씀대로 살게 해달라고 기도하던 제가 아닙니까? 그런 제가 말씀을 가지고 장난을 치다니요."

그 밤, 나는 그 죄 된 마음을 찢는 심정으로 몸부림치며 회개했다. 그렇게 한참을 울며 기도하고 난 후, 다시 주님의 평안이 가득 부어졌다.

대회 당일 토요일 아침, 일어난 아이들에게 말했다.

"세이야, 조이야. 어제 어머니가 말씀 암송하는 것 때문에 너희들 너무 힘들게 한 거 미안해. 어제 어머니가 많이 회개했어. 오늘 우리 상 타는 것은 전혀 중요하지 않고 기쁘게만 암송하고 오는 거야, 알았지?"

아이들의 표정도 밝아졌다. 어제와 사뭇 다른 엄마의 편안한 표정이 아이들의 마음도 편안케 했다. 대회 때 아이들 순서가 되었을 때, 나는 어제와 같이 '하나라도 틀리면 알지?' 하는 표정이 아니라 무대에 서 있는 그 자체만으로도 아이들이 자랑스러워서 아주 활짝 웃는 얼굴로 한 절 한 절 암송해나가는 아이들을 바라보았다.

아이들도 웃음 가득한 얼굴로 암송을 멋지게 마쳤다. 상을 좌우하는 것은 속도였는데, 우리 아이들은 해맑게 천천히 또박또박 암송했기에 상을 탈 수는 없었다. 하지만 우리 가족 모두에게는 기쁨의 잔치가 되었다.

이와 같이 성령도 우리의 연약함을 도우시나니 우리는 마땅히 기도할 바를 알지 못하나 오직 성령이 말할 수 없는 탄식으로 우리를 위하여 친히 간구하시느니라 롬 8:26

그때나 지금이나 내 안에서 말할 수 없는 탄식으로 나를 위해 기도하시는 성령님, 사랑합니다. 그 성령님을 더욱 의지합니다.

말씀 먹이는 엄마

4살 되던 세이를 어린이집에 보내지 않고 홈스쿨링 하기로 결정한 후, 우리는 오전 시간은 무조건 암송하고 큐티하며 경건의 시간으로 보냈다. 2살 된 조이를 업거나 안고, 아니면 오전 낮잠을 재워놓고 세이를 암송시켰다. 한 마디씩 따라 하게 하며 암송을 시켰다. 어린 세이였지만 암송을 하고 난 뒤에는 함께 손을 잡고 기도했다.

"세이야, 오늘 암송한 말씀처럼 살 수 있도록 같이 기도하자. 이 말씀이 우리 안에서 역사하는 살아있는 능력의 말씀이 될 수 있도록 주여 부르고 함께 기도하자."

"주여~!"

4살 된 아이였지만 나의 진심이 통했는지 우리는 그렇게 손을 맞잡고 함께 그 말씀대로 사는 한 날이 될 수 있기를 간절히 기도했다. 그렇게 아이에게 말씀을 먹이고 함께 그렇게 살자고 고사리 같은 손을 붙잡고 함께 기도할 때 나는 어머니로서 가장 행복했다. 정말 말 그대로 내가 어머니가 된 것 같은 느낌이 들었다.

한 번은 이런 일이 있었다. 그 당시 우리는 고린도전서 13장 말씀을 암송하기 시작하던 때였다. 교회 집사님이 세이를 데리고 가서 같이 놀다 와주신다 해서 세이를 보냈는데, 집사님이 세이에게 "우리 신나고 재미있게 놀다가 가서 엄마한테 자랑하자"라고 말씀하셨단다. 그런데 세이가 바로 "'사랑은 자랑하지 아니하며'라고 하셨는데…"라고 말해서 깜짝 놀랐다고 전해주셨다. 그 얘기를 듣는데 눈물이 나려고 했다. 그 말씀이 우리 세이에게 살아 역사하는 말씀이 되었다니 너무도 감격스러웠다.

세이 밑으로 동생들이 말을 하기 시작했을 때 나는 창세기 1장 1절부터 암송시켰다.

"태초에 하나님이 천지를 창조하시니라. 창세기 1장 1절 말씀, 아멘!"

암송을 다 하면 매번 아이에게 물었다.

"조이야, 하늘과 바다는 누가 만드셨지?"

"하나님."

"그럼 해와 달은 누가 만드셨지?"

"하나님."

"꽃과 나무는 누가 만드셨지?"

"하나님."

이쯤 되면 아이는 세뇌(?)되는 수준이 되고 모든 대답은 하나님이 되었다.

"그럼 자동차는 누가 만들었을까?"

"하나님."

위의 형들이 웃기 시작한다.

"아, 자동차는 사람이 만들었어."

말씀 암송은 거룩한 노동이자 수고

늘 암송이 쉽고 즐거웠던 것은 아니었다. 여운학 장로님의 말씀처럼 암송은 거룩한 노동이요 수고였다. 아이를 낳고 키우며 처음으로 암송을 시작하는 나나 아이나 말씀이 체질화되지 않아서 우여곡절이 많았다.

특히 나는 밑바닥을 치고 난 다음에는 아이를 앉히고 암송을 시킬 면목이 없어서 슬럼프처럼 암송을 내려놓게 될 때도 많았다. 암기가 주목적이 아님에도 불구하고 정확하게 외웠는지에 치우치게 되면 암송을 시키다 아이에게 화를 내기도 했다.

그런데 계속 그럴 수는 없었다. 말씀을 먹이는 이 일을 놓고 눈물로 도우심을 구할 수밖에 없었다. 그러다가 암송 시작하기 전 노래도 지어 부르며 암송은 즐겁고 신나는 일이 되기 위해 애를 썼다.

"즐거운 암송 시간 됐어요~ 즐거운 암송시간 됐어요~ 함께 말씀 먹어요~"

넷째 로이는 암송할 때 가만히 앉아서 하는 것도 힘들어했다. 기도하며 고민하고 있었는데 어느 사모님이 자기 애는 춤을 추면서 암송한다고 하시길래 아하, 하며 그다음 날 로이와 함께 일어서서 춤을 추며 암송을 하니 로이가 너무 기뻐하며 자기 분량을 마치는 것이었다. 그 후 매일 춤을 추며 하지는 않았지만 6살이 된 지금은 춤도 필요하지 않고 가만히 앉아서 거뜬히 해내는 로이가 되었다.

첫째 세이가 7살이던 어느 날, 우리는 303비전성경암송을 내려놓고 성경 통째 외우기에 도전했다. 남편과 의논해서 야고보서를 암송하기로 했다. 하루에 한 절씩 정도로 진도를 나가기도 하고, 복습만 하기도 하며 야고보서를 암송해나갔다. 야고보서 5장 마지막 절을 암송하고 야고보서 통째 외우기를 마무리 한 날, 빨래를 개다가 눈물이 쏟아졌다.

'의지가 약하고 인내심이 부족한 내가 야고보서를 통째로 외우다니…. 8살 된 우리 세이가 나의 말씀 동역자구나. 세이가 아니었으면 내가 끝까지 이렇게 할 수 있었을까? 하나님은 하나님 안에서 함께 성장하고 자라갈 수 있도록 내게 동역자를 주셨구나.'

너무나 감사해서 눈물이 났다. 동생 조이와 태이에게는 사도신경, 주기도문, 십계명 등 집에서 가르쳐야겠다고 생각한 것들을 하나씩 암송시켰다.

말씀 암송의 축복

"말씀으로 키워다오"라고 부탁하신 하나님의 말씀에 순종하기 위해 시작한 암송이지만 하면 할수록 참으로 놀랍다는 생각을 많이 했다. 글을 몰라도, 말만 할 수 있으면 시작할 수 있는 조기 신앙교육이며 부모가 가난하든 부하든, 많이 배웠든 적게 배웠든 부모 된 누구나 할 수 있는 신앙교육이다.

그리고 하나님 말씀의 능력은 놀라웠다. 아이마다 암송을 할수록 외우는 속도나 정확성이 탁월해지는 것을 보며 말씀이 주는 지혜가 대단하다고 감탄한 적이 많았다. 그래서 그것이 목적은 아니었지만, 하나님의 말씀에 순종해서 암송을 하다 보니 세상의 화려한 교육을 시키지 못해도 말씀 안에서 탁월한 두뇌로 빚어가시는 하나님의 손길을 찬양하지 않을 수 없었다.

말레이시아로 와서 적응하느라, 출산하고 연년생 셋 키우느라 힘겨워서 내가 암송을 해나가지 못할 때가 있었는데 그때 남편은 매일 새벽마다 말씀카드를 만들었다. 아이들은 학교 가는 차 안에서 그 말씀카드를 보며 암송하고, 오늘 그 말씀대로 살 수 있도록 아버지와 함께 합심해서 기도하고 등교했다.

우리 가정 홀로 시작하기가 쉽지 않아서 주변의 가정들에 권유하여 함께 골로새서 통째 외우기를 했다. 골로새서를 다 외우고 이어서 무슨 말씀을 암송할까 고민하던 중에 하나님께서 잠언에 대한 마음을 주셨다. 잠언 말씀은 삶에서 실제적인 지침이 되는 내용이 많이 있는데 아이들에게 잠언 말씀을 한 절씩 암송하게 하면서 그 말씀대로 사는 인생이 되기를 축복하며 기도해주고 싶은 마음이 들었다.

그래서 요즘은 12살 첫째부터 8살 셋째까지는 혼자 잠언을 한 절씩 암송한 후 나에게 와서 확인을 받는다. 정확하게 암송하는지 확인한 다음에는 암송한 그 말씀으로 머리에 손을 얹고 축복기도를 해준다.

"하나님, 우리 세이가 오늘 암송한 잠언 1장 7절의 말씀처럼 여호와를 경외하는 것이 지식의 근본인 것을 알게 하여주시고, 평생 여호와를 경외하는 자로 살게 하옵소서. 그리고 미련한 자는 지혜와 훈계를 멸시한다고 하였는데 우리 세이는 지혜와 훈계를 멸시하는 어리석은 자가 되지 말게 하시고 지혜와 훈계를 귀하게 여기는 슬기로운 자가 되게 하여주시옵소서. 예수님의 이름으로 간절히 축복하며 기도합니다. 아멘."

이 아이들이 지금은 내 곁에 있지만, 성인이 되어 내 품을 떠날 때는 함께 암송했던 말씀과 내가 해주었던 말씀축복기도가 아이들의 삶을 이끌어주기를 간절히 바란다.

넷째부터 여섯째까지 막둥이들은 유치부에서 매달 하는 말씀 암송을 해나가고 있는데, 막둥이들도 암송이 끝나면 유치부에서 주신 자녀축복기도문으로 머리에 손을 얹고 기도해준다.

때로는 여섯 아이를 암송시키고 머리에 손을 얹고 축복하며 기도해주는 이 일이 쉽지 않을 때가 많다. 체력이 안 되어 못 할 때도 있다. 하지만 내가 이 아이들의 어머니로서 첫째 된 사명은 말씀을 먹이고 그 말씀으로 기도해주는 것이라고 다짐하고 감당하려고 몸부림치고 있다.

아이들을 키우면서 때를 분별하는 지혜가 필요하다는 것을 깨달았다. 특별히 어렸을 때 말씀의 습관을 들이는 것을 놓치면 나중에 커서 아이를 붙잡고 말씀을 먹이려 해도 쉽지 않아 포기하는 엄마들을 보아왔다.

그래서 어린아이를 둔 엄마들에게 간곡하게 말하고 싶다. 3-4살 말하기 시작할 때부터 일주일에 한 절이라도, 아니 한 달에 한 절이라도 괜찮으니 매일 5분이라도 아이와 함께 말씀을 먹이고 먹는 시간을 가지라고….

혹시나 자녀들이 어린 시절이 다 지나고 십 대에 들어섰다 할지라도, 지금이라도 늦지 않았으니 그들이 성인이 되어 품을 떠나기까지 말씀을 함께 먹고 먹이는 신앙 전수의 사명을 감당하시라고 어머니들에게 권면하고 싶다.

그리고 나중에서야 깨달은 것이지만, 아이들을 암송시킨다고 같이 외운 말씀들이 기도할 때마다, 어려움이 닥칠 때마다 내게도 얼마나 소중한 영적 자산이 되었는지 모른다.

말씀으로 살아남기

넷째 로이를 출산하고 나서 갓난아기를 보살피고 적응하느라 홈스쿨이 다 무너지는 듯했다. 계속되는 출산과 입양을 경험하며 나는 전도서 말씀이 많이 떠올랐다.

> 범사에 기한이 있고 천하 만사가 다 때가 있나니 날 때가 있고 죽을 때가 있으며 심을 때가 있고 심은 것을 뽑을 때가 있으며 죽일 때가 있고 치료할 때가 있으며 헐 때가 있고 세울 때가 있으며 울 때가 있고 웃을 때가 있으며 슬퍼할 때가 있고 춤출 때가 있으며 돌을 던져 버릴 때가 있고 돌을 거둘 때가 있으며 안을 때가 있고 안는 일을 멀리할 때가 있으며 찾을 때가 있고 잃을 때가 있으며 지킬 때가 있고 버릴 때가 있으며 찢을 때가 있고 꿰맬 때가 있으며 잠잠할 때가 있고

말할 때가 있으며 사랑할 때가 있고 미워할 때가 있으며 전쟁할 때가

있고 평화할 때가 있느니라 전 3:1-8

　신앙 안에서 아이들 양육을 세워놓았다고 생각할 때가 있었는데 새로운 아이를 출산하거나 입양하면서 세워놓은 것들이 다 허물어지고 말았다고 느낄 때가 많았다.

　그런데 전도서 말씀을 묵상하고 또 그런 반복을 경험하며 헐 때를 받아들일 마음도 생겼다. 또 세울 때를 주실 하나님을 신뢰하기 때문이다. 한 아이로 인해 엄청나게 많은 눈물을 흘릴 때도 있었지만 그때 생각했다. 울 때가 있으면 웃을 때도 온다는 것을.

성경 읽기 내기

　갓난쟁이 로이도 돌봐야 하고, 출산 후 내 몸도 추슬러야 하고, 위의 세 아이 홈스쿨도 해야 하는데 여유가 없었고 어떻게 다시 시작해야 할지 정신이 없던 그때, 하나님께서 내게 깜짝 아이디어를 주셨다. 이름하여 '누가 성경 많이 읽나' 내기였다.

　5살, 3살 일자무식 둘째와 셋째는 해당이 안 되었고 남편과 나, 첫째 세이 이렇게 우리 셋이서 한 달 동안 누가 성경 많이 읽나 내기를 하기로 했다. 체크리스트를 거실 벽에 붙이고 그날그날 자기가 읽은 성경 장(章) 수를 기록하여 한 달 후에 가장 많이 읽은 사람에게 상을 주기로 했다.

내기가 시작된 그다음 날부터 세이가 무섭게 성경을 읽기 시작했다. 어느 날 아침에는 일어나 보니 세이가 없길래 혹시나 하는 마음으로 작은방 문을 열었더니 스탠드를 켜놓고 혼자 성경을 읽고 있었다. 그 모습을 보는 순간 마음이 울컥했다. 이 어미가 여력이 안 되어서 홈스쿨을 제대로 해주지 못하고 있었는데, 세이가 말씀이신 하나님과 함께하며 말씀의 돌보심을 받고 있다는 느낌이 들었다.

성경 읽기 내기에 남편과 나도 최선을 다하려고 노력했다. 드디어 한 달이 흘렀다. 1등은 황세이, 2등은 나, 3등은 남편이었다. 그때 내가 우스갯소리로 한 말이 기억난다.

"7살인 우리 세이가 목사와 사모를 제치고 1등을 하다니!"

우리는 약속한 대로 상장도 만들고 그럴싸한 시상식을 거행했다. 세이도 많이 기뻐했다. 그렇게 우리는 아무것도 시작하지 못할 것 같은 상황에서 말씀으로 다시 일어설 힘을 얻었다.

통독도 일기도 함께해요

그다음 해, 2015년이 시작되었는데 갑자기 '하루에 성경을 10장씩 읽으면 1년에 몇 독을 할 수 있나?' 하고 궁금해져서 남편에게 물어보았다. 남편이 계산해보더니 3독을 할 수 있단다. 너무 놀라웠다. 10장씩만 읽으면 3독을 할 수 있다니! 내 마음이 뜨거워졌고, 남편에게 올 한해 우리가 이것을 도전해보자고 했다.

남편은 우리 가정만 하는 것보다 주위에서 같이할 사람들을 모아서 함께하면 더 좋겠다고 하여 아이들과 함께 CF 같은 영상을 찍었다.

"3독 해요~ 3독 해요~ 우리 모두 같이 3독 해요~

아침 먹고 3장, 점심 먹고 3장, 저녁 먹고 4장 하면

3독 해요~ 3독 해요~ 우리 모두 같이 3독 해"

주변에서 함께하겠다는 분들이 생겨났고, 남편은 밴드를 만들어서 매일 자신이 읽은 분량을 올리고 서로에게 매임이 되기로 했다. 나와 세이도 이 3독 운동에 동참했다.

처음 마음은 100독이라도 하리라고 불타오르는 마음이었으나 매일 10장이 쉽지만은 않았다. 그래도 밴드에 부지런히 올리시는 분들을 보며 도전을 받고 네 아이 육아로 핑계 대지 않겠다고 다짐했다.

낮에 성경 읽을 시간을 확보하지 못하면 저녁에 아이들 재워놓고 읽어야 할 경우가 많았는데 젖 물려 재운 로이가 깰까 봐, 그리고 피곤한 육신이 눕기를 원해서 거실로 나가 제대로 읽지는 못하고 핸드폰 성경 앱으로 읽을 때가 많았다.

성경을 읽다가 깜빡 잠이 들어 핸드폰이 얼굴에 떨어지는 일은 비일비재했다. 그래도 감사했다. 극한 육아를 핑계로 말씀에서 멀어지는 삶이 아니라, 핸드폰이 얼굴 위에 떨어지면서도 어떻게든 말씀 보려고 몸부림치는 삶이어서 감사했다.

시간은 흘러 2015년 마지막 날이 되었고, 나는 전체 1독에 구약 1독, 총 1.5독으로 마무리했고, 세이는 2독을 해냈다.

2016년 말레이시아로 선교 나오고 출산하고 적응하느라 정신없이 1년을 보내고, 2017년 10월쯤 되었던 어느 날, 우리가 1년에 성경 1독도 못 하고 시간이 흘러가고 있음을 깨닫게 되었다. 그래서 남편에게 물었다.

"여보, 올해 남은 시간 동안 몇 장씩 읽으면 1독 할 수 있어요?"

남편은 또 계산해보더니 매일 20장씩 읽으면 1독을 할 수 있다고 하며 또 함께할 사람을 모으자고 했다. 남편이 주일에 한인교회 유치부 사역을 하고 있었던 터라 유치부 교사 중에 함께할 사람이 있는지 알아보았고, 집사님 두 분과 권사님 한 분, 나와 남편, 세이와 조이가 함께했다.

하루 20장은 정말 만만치 않았다. 하루 밀리면 40장을 채워야 했다. 단톡방을 만들어 매일 자기가 읽은 분량을 올리고 서로를 격려해가며 정말 재미있게 우리는 모두 1독을 달성했다. 지금도 그때 어떻게 매일 20장을 읽었는지 생각하면 웃음이 난다.

그다음 해에는 유치부 교사와 자원하는 학부모와 함께 일독큐티 〈바이블타임〉(국제선교단체 원바디에서 제작한 매일 성경읽기 월간지)을 함께했다. 이렇듯 남편은 한국에 있을 때나 말레이시아에 있을 때나 주변 분들과 함께 말씀 운동을 일으키기 원했다. 지나고 보니 이것은 우리에게 큰 유익이 되었다. 우리는 연약해서 서로가

서로에게 매임이 되지 않으면 해나갈 힘이 없기 때문이었다. 오늘 하루 너무 분주하고 몸이 힘들면 포기하게 되는 것이 우리 아닌가.

그래서 아이들을 키우는 많은 엄마들에게 권면하고 싶다. 주위를 둘러보고 여러 명도 좋고, 아니면 1명이라도 좋으니 육아 가운데서도 우리가 주님 안에서 자라갈 일을 함께할 거룩한 매임을 만들라고.

우리 가정이 했던 것처럼, 1년에 성경 1독을 목표로 해도 좋고, 큐티책을 정해서 큐티한 것을 나눠도 좋고, 유기성 목사님의 예수 동행일기를 함께 쓰며 삶을 나눠도 좋다. 이 땅의 모든 엄마들에게 주어진 이 육아의 시간이 서로의 매임을 통해 더욱 행복해지고, 이 시간을 통해 모두가 더욱 자라가기를 소망한다.

5장

바보 엄마는 하나님만 의지했다

선교사가 거지야?

남편은 결혼 전 교제할 때부터 자신은 선교사가 되겠다고 했고 티베트 짱족(藏族)을 품고 있다고 말했다. 남편의 선교 열정은 대단해서 대학생 때부터 단기선교만 30번 넘게 다녀왔다. 교제 당시에는 늘 만나면 재미있고 깊은 대화가 잘 오가는 남편이 좋았기에 훗날 함께 선교 나가야 할 것에 대해서는 크게 생각하지 않았다.

결혼 후 남편은 계속 부교역자로 사역하다가 창원에 있는 교회를 섬기고 있을 때쯤 이런 말을 했다.

"여보, 예전부터 티베트 짱족을 품고 있었고 때가 되면 가야겠다고 생각했는데 하나님이 생각을 바꾸시네. 선교사를 돕는 선교를 해야겠다고 말이야. 그동안 단기선교를 많이 다니면서 많은 선교사님들을 만나왔는데 그분들을 돕는 사람이 필요하다는 생각이 들었어. 내가 내 필드를 가지고 선교하는 것보다 현재 사역하고 계시는 선교사님들이 더욱 잘하시도록 돕는 일을 내게 원하시는 것 같아. '그리스도의 종이 되어 또 다른 종의 발을 씻기는 MSM(Missionary support mission)', 너무 멋지지 않아?"

그러면서 남편은 이제 선교를 준비해야 할 것 같다고 했다. 풀타임 사역을 내려놓고 본격적으로 선교를 준비하기 위해 주말만 사역하는 교육목사로 사역지를 옮겨야겠다고 했다.

"여보, 내가 하려고 하는 이 사역은 파송교회를 찾기가 쉽지 않을 것 같아. 내 선교 현장이 있는 것도 아니고 돕기만 하는 이 사역을 어느 교회가 인정해주고 지원해줄지 모르겠어. 그래서 난 파송교회 대신 개미군단, 개인 후원자를 모집해야겠어. 배 속의 넷째까지 우리 6인 가족 생활비와 사역비가 모아질 때까지 얼마의 시간이 걸릴지 모르겠지만 지금부터 준비해야겠어."

그렇게 남편은 정들었던 창원왕성교회를 사임하고 경산중앙교회 중국어예배부 교육목사로 부임했다. 그 이후 남편은 후원약정서와 사역 소개 책자를 만들어서 진짜 말 그대로 한 사람씩 만나러 다녔다. 주변에서 소개해주서서 만나게 되는 분도 있었고, 이전부터 알고 있던 지인들도 있었다. 페이스북이나 카카오스토리를 통해서 SNS로도 개인 후원자를 모집했다. 그러던 중에 남편이 카카오톡의 미션 펀드를 알게 되었고, 계획한 선교 날짜가 다가오자 남편은 나에게도 후원자를 모집해달라고 요청했다.

"당신 아는 사람들에게 미션 펀드 페이지 보내고 후원을 요청해 봐. 이제 내 관계망에서는 한계가 있는 것 같아."

남편이 한 사람씩 만나러 다닐 때 나는 육아를 핑계로 뒷짐 지고 있었는데 남편이 이렇게 말하니 나도 더는 가만히 있으면 안 될 것 같았다. 진짜 이 친구만은, 이 사모님만은, 이분만은 후원해주실 것이라고 생각되는 분들의 명단을 적어보고 주저없이 그분들에게 미션펀드 후원 페이지를 보내드렸다.

그런데 이게 웬일? 철석같이 해주리라 믿었던 사람들 중 아무에게서도 후원이 이루어지지 않았다. 나는 마음이 힘들어져서 혼자 며칠을 끙끙 앓았다. 그러다가 아이들을 다 재워놓고 남편 방으로 가서 울면서 말했다.

"여보, 나 못하겠어. 정말 이분만은 해주실 거라고 확신했던 사람들이 아무도 해주지 않아. 심지어 후원을 바란다는 메시지에 답도 없어. 어쩜 이럴 수 있어? 나 자신이 어떻게 느껴지는지 알아? 꼭 한 푼만 달라고 구걸하는 것 같아. 선교사가 거지야? 거지냐고…."

끙끙 앓던 속마음을 쏟아 놓고 나는 폭풍 눈물을 흘리며 엉엉 울었다.

"여보, 난 적은 금액이지만 사례받으며 교역자로 사는 게 좋아. 부족하면 부족한 대로 남한테 손 안 벌리며 지금까지 잘 살아왔잖아. 남의 후원 받아서 살아야 하는 선교사의 삶이 나는 싫어."

나의 눈물과 하소연을 잠잠히 듣던 남편이 입을 열었다.

"여보, 나도 그래. 꼭 해줄 것 같은 사람들은 안 해주고, 생각지도 못했던 사람들이 후원자가 되는 걸 많이 경험해. 나도 한 사람씩 만나며 이런 사역을 할 거라고 설명하고 매월 만 원만 후원해 달라고 말 꺼내는 거 때론 쉽지 않지만 난 이렇게 생각해. 선교는 하나님의 일이야. 우린 선교사로 보냄을 받는 거고. 우리를 물질로 후원하는 사람들도 하나님의 일에 동역하고 쓰임 받는 사람들이야. 그래서 나는 선교라는 이 거룩한 사명에 사람들을 초청하는 거지. 함께하자고. 그래서 난 당신처럼 상처받지 않는 것 같아. 하나님의 일에 하나님이 쓰시고자 하는 사람들이 분명히 있다고 믿거든. 그게 내가 후원해줄 거라고 확신하는 사람들이 아닌 경우가 더 많은 것 같아. 마음이 너무 힘들면 당신은 기도만 해. 하지만 나는 기도만 하고 하나님이 다 채워주실 거라고 믿는 것도 방법일 수 있겠지만, 내가 직접 후원자를 만나며 액션을 취하는 게 더 큰 믿음이 필요하다고 생각해."

남편의 말이 맞았다. 선교지에 나오고 보니 선교는 하나님께서 하시는 것이 맞았다. 그리고 남편은 선교 나오기 직전까지, 아니 선교 나온 이후에도 계속해서 후원자를 발굴하기 위해 애썼지만, 남편이 최선을 다한 이후의 것은 하나님께서 일하셨다.

생각지도 못한 돈이 생겼다면서 그 돈을 우리 가정에 전부 보내주신 일들과 우리가 생각지도 못한 곳에서 후원금이 들어오게 되는 일들을 여러 번 경험했다. 무엇보다 우리에게 아무 말도 없이, 우리가 모르는 이름으로 들어온 몇 차례의 후원금은 너무도 놀랍고 감사할 뿐이었다.

남편의 말처럼 우리를 파송해준 교회는 없지만, 파송예배 때 예배당을 가득 채워서 우리를 파송해준 많은 개인 후원자들이 있어 얼마나 감사한지…. 우리가 대단한 사역을 해서가 아니라, 그냥 우리 가정을 믿고 우리의 삶을 응원하며 후원하는 후원자들이 대부분이다. 그래서 우리도 가정 예배 때 생각날 때마다 한국에 계신 우리의 후원자들을 위해 아이들과 함께 부르짖어 기도한다.

1500원짜리 피자빵

넷째 로이를 임신하고 남편이 사역지를 창원에서 경산으로 옮겼을 때의 일이다. 선교 준비를 위해 전임 사역을 내려놓고 파트타임 목사로 경산중앙교회에 부임했는데 파트 사역이다 보니 집을 우리가 구해야 했다. 교회에서 30-40분 떨어진 진량이라는 곳에 집을 겨우 구하고 사례받을 날만 기다리고 있었다.

사례받을 날은 아직 좀 남았고, 통장에도 집에도 돈은 없고 입덧 중인데 빵집에서 파는 피자빵이 너무 먹고 싶었다. 혹시나 싶어 집에 있는 저금통도 뜯고 했더니 1500원이 구해졌다. 세 아이를 데리고 집 근처 빵집에 가서 1500원짜리 피자빵을 샀다. 놀이터 옆에 앉아서 먹으려고 피자빵 봉지를 뜯었는데 세 아이가 다 먹겠다고 난리였다.

아이들 나눠주고 나니 먹을 게 별로 없었다. 입덧으로 제대로 먹지도 못하고, 겨우 먹고 싶은 게 있어서 돈 모아 샀는데 아이들한테 다 뺏기고(?) 나니 마음이 서글퍼졌다. 집에 돌아와서 최 사모님에게 전화를 드렸다.

"사모님, 제가 입덧이 심해서 다른 건 제대로 먹지도 못하고 오늘 피자빵이 먹고 싶어서 집에 있는 돈 딸딸 모아서 샀는데 애들 다 나눠주고 나니 먹을 게 없어서 마음이 그랬어요."

막상 사모님께 전화로 그 얘기를 하니 눈물이 났다.

"사모님, 돈이 없었으면 카드를 긁지 그랬어요?"

"1500원짜리 빵 하나 사는데 카드를 긁는 건 좀 그런 것 같아서요."

"사모님, 다음부터는 만 원어치 정도 넉넉하게 사서 카드를 긁으세요. 하나님이 임신만 하게 하시고 임산부가 먹고 싶은 것도 못 먹게 하시겠어요? 아이를 주시면 아이를 낳고 키우는 데 필요한 것도 같이 보내주시지. 사모님, 그럴 땐 믿음으로 카드를 긁는 거예요."

사모님의 말씀을 들으니 '내가 너무 믿음이 없었나?' 싶고, 하나님께서 사모님을 통해 나에게 말씀하시는 것 같았다. 아이를 보내주신 하나님께서 이 아이의 임신과 출산, 앞으로 자라는 모든 과정까지 책임지시고 공급하실 거라는 믿음이 생겨나서 더 이상 마음이 슬프지 않았다.

그때 피자빵을 못 먹었던 내가 안쓰러우셨던지 하나님은 유독 넷째 임신 때 먹을 것을 많이 보내주셨다. 남편이 교회 갔다가 돌아올 때면 남은 떡과 빵을 한가득 들고 왔고, 주변에서 먹을 것을 얻을 때도 많았다.

그리고 내 인생에서 밥이 설탕처럼 달콤했던 적은 그때가 처음이었다. 먹고 또 먹고 하다 보니 막달 즈음에는 70킬로그램을 찍고 말았다. 나중에 아이를 출산하고도 살이 빠지지 않아 고통의 시간을 보내야 했지만 그래도 그때 나의 필요를 채우셨던 하나님께 감사했다.

연년생 막둥이 셋과 위의 큰아이들 셋, 여섯 아이를 돌보며 남편과 내가 지칠 때가 많았다. 그럴 때 갑자기 생각지도 못한 분들이 하나님께서 감동을 주셨다며 봉투를 주실 때가 몇 번 있었다. 한 번은 예배 전에 그런 봉투를 받아들고 자리에 앉았는데 주님께서 말씀하시는 것 같았다.

"미나야, 맛있는 거 사 먹고 힘을 내라."

'주님께서 내가 너무 힘들다는 걸 아셨구나' 싶어 눈물이 흘렀다. 다음 날이나 시간이 될 때 남편과 함께 나가서, 먹고 싶었지만 부담이 돼서 사 먹지 못했던 메뉴를 골라 맛있게 먹었다. 그러면 진짜 또 힘이 났다.

'우리 하나님은 멋진 주인님이셔. 종들이 이렇게 지쳐 있으면 맛난 것도 사주시고…. 주님, 할 만하죠. 여섯 명 키우는 게 뭐 일이라고요. 또 잘 해볼게요.'

참 단순한 종들이었다. 맛난 거 먹으면 또 할 만하다고 힘을 내고…. 하나님은 그런 단순한 우리를 사랑하셨다.

체력도 급격히 달리고 아이들 학비가 만만찮아서 장 보는 것도 부담이 되던 어느 날, 한국마트에서 필요한 것들을 몇 가지 샀는데 한국마트 최 집사님이 "들고 가기가 무거우실 것 같다"라며 배달해 주겠다고 하셨다.

집에 도착하고 조금 있으니 직원이 총 네 상자를 가지고 왔다. 최 집사님이 한 상자에는 내가 산 것들을, 나머지 세 상자에는 우리 가정에 필요한 것들을 가득 담아서 보내셨다. 만두를 큰 봉지로 종류별로 3개, 그리고 라면, 어묵, 두부, 과자류, 소스류, 핫바 등 여러 가지를 상자에 가득 담아서 보내주셨다. 담긴 것들을 하나씩 냉장고에 넣다가 울음이 터졌다. 엉엉 울고 있는 나에게 주님이 말씀하시는 것 같았다.

"미나야, 힘을 내라."

내가 무엇이기에 하나님은 이토록 나를 응원하시나, 먹어야 하는 인간의 육신을 이토록 헤아리시나, 이 집사님은 어떻게 이렇게 주님 주시는 감동으로 막 퍼주실 수 있는가….

오늘 이 시각에도 우리 주님이 나에게뿐만 아니라 당신의 종들을 위로하고 격려하는 깜짝 이벤트를 준비하고 계실 것을 생각하니 마음이 따뜻해져 온다.

하나님, 소고기는 먹어야 한대요

아이들 영유아검진을 가면 의사 선생님이 이유식 때부터 먹어야 할 소고기의 양을 알려주시곤 해서 '아, 자라나는 아이들은 영아부터 소고기를 먹어야 하는구나'라고 생각하게 되었다.

그 당시 막내였던 넷째 로이를 재워놓고, 위의 세 아이에게는 아파트 내 마트에서 빨리 장을 보고 오겠다고 하고 나와서 이것저것 먹을 것과 필요한 것을 사고, 마트 옆 식육점에서 갈아놓은 소고기도 샀다. 아이들 유부초밥이나 볶음밥 만들어 줄 때 등 요긴하게 사용되는 소고기인데 만 원어치를 사도 양이 얼마 되지 않았다. 막내 로이 이유식까지 네 아이 먹이려니 한 번이나 두 번 요리하면 없겠다 싶었다. 산 것들을 두 손 가득 들고 집으로 가면서 하늘을 보며 하나님께 말씀드렸다.

"하나님, 성장기 아이들은 소고기는 먹어야 한대요. 오늘 만 원 어치를 샀는데 몇 번 못 먹을 것 같아요. 아이들이 클수록 더 많이 먹을 텐데, 비록 넉넉한 형편은 아니지만 그래도 우리 아이들 성장기에 필요한 소고기는 먹게 해주실 거죠? 헤헤헤."

하나님의 대답을 들을 것도 없이, 하나님께서 꼭 소고기 먹게 해주실 거라는 혼자만의 확신이 들어서 나는 하늘을 쳐다보며 바보처럼 히죽히죽 웃으며 걸어갔다.

그렇게 소고기 무한 결제를 부탁드리고 2년이 지나지 않아 우리는 말레이시아로 선교를 나왔다. 이곳에서는 호주산 소고기 가격이 한국보다 저렴했다. 처음 마트에 가서 소고기를 사려고 둘러볼 때, 하늘을 올려다보며 하나님께 부탁드린 게 생각나서 눈물이 났다.

지금도 우리 여덟 식구 먹으려면 유모차가 뒤로 넘어질 만큼 앞뒤로 가득 장을 봐야 하지만 닭고기, 돼지고기, 소고기 등 다양한 종류의 고기를 먹일 수 있는 재정을 주심에 늘 감사하다.

아이들을 키우면서 소고기도 먹여야 했지만 옷, 신발처럼 입고 신을 것도 필요했다. 한국에서는 주변에 옷을 물려주시는 분들이 많아서 다섯 아이를 옷 걱정 없이 키울 수 있었다. 유일한 딸인 다섯째 예이를 데리고 오면서 딸 옷은 없어서 걱정을 많이 했는데 주변에서 조금씩 여자아이 옷도 물려주셔서 예이도 옷 걱정 없이 키울 수 있었다.

그러나 말레이시아로 오면서는 여기서도 아이들 옷을 해결할 수 있을까 하는 생각이 들었다. 그래서 어느 날 "하나님, 하늘에서 보시고 안 입는 옷, 신발, 책 같은 거 있으면 우리 집으로 좀 보내주세요"라고 말씀드렸다.

그런데 생각지도 못한 분들로부터 큰아이 세이가 입을 수 있는 옷과 신발들을 얻게 되었고, 또 옷과 신발이 우리 형편에는 도저히 살 수 없는 고가의 것들이었다. 세이가 입기 시작하면 그 밑으로 쭉 물려주면 되니 걱정이 없었다.

하루는 첫째 세이가 신발 3개를 나란히 놓고는 "어머니, 보세요. 나이키 신발이 3개나 있어요" 하며 활짝 웃는데 코끝이 찡했다. 그리고 물려받은 옷들을 보고는 "어머니, 이런 옷은 진짜 비싸 보여요. 와, 이런 옷을 다 입다니…." 첫째부터 막내까지 물려받은 옷에 대한 감사를 잃지 않는 것이 어미로서 얼마나 고마웠는지 모른다.

선교 나가기 전, 그 당시 우리 일곱 식구 먼 나라에 가서 굶지는 않을까 하는 염려가 들어 남편한테 하소연했을 때 남편은 이렇게 말했다.

"나는 어제 우리를 먹이신 하나님께서 오늘도 먹이시고, 또 내일도 먹이실 것을 믿어. 그리고 여보, 우리 아이들을 우리만 키우는 게 아니야. 물론 주 양육자로 키우는 건 우리지만, 우리 가정을 지금껏 후원해주는 많은 후원자들과 이 모양 저 모양으로 우리 가정을 섬겨주시는 분들과 함께 키우는 거야."

남편의 말이 맞았다. 어제 우리를 먹이고 입히신 하나님께서 오늘도 먹이고 입히시고, 내일도 우리를 먹이고 입히실 것이다. 왜냐하면 그런 날들의 연속을 살아왔기 때문이다.

얼마 전 어느 집사님이 매달 쌀 20킬로그램을 보내주시겠다고 연락해주셨고, 어느 집사님은 김치를 매달 보내주겠다고 연락하셨다. 그리고 어느 권사님은 3년이 넘도록 매주 우유 4리터와 요구르트 20개를 사주신다.

하나님께서 함께 키우라고 붙여주신 하나님의 사람들을 통하여, 만만치 않은 여섯 아이 육아 속에서 힘을 내야 할 이유를 알게 된다.

여섯 아이 공부시키기

"아직 아이들 학비를 못 냈어."

다섯 아이가 새 학기를 시작한 지 한 달이 지났는데도 남편은 아직 학비를 내지 못하고 있었다.

"여보, 아이들 학교를 이제는 그만두어야 할 것 같아."

"제 생각도 그래요. 아이들이 많으니 학비도 많이 드는 건 당연하지만 사역비까지 확보하지 못해 어려울 정도라면 이건 아닌 것 같아요. 이번 학기만 어떻게든 모아서 학비를 내고 이젠 그만두어야 할 것 같네요."

남편과 이렇게 결론을 내렸지만 해결되지 않는 걱정들이 많았다.

'아이들 학교에서 우리 여덟 가족 비자를 해결해주고 있는데 막상 학교를 그만두게 되면 이제 비자는 어떻게 해결하나? 워크퍼밋이나 MM2H 등 비자 해결 방법이 있지만 대가족인 우리는 비자 비용도 만만치 않을 텐데 이건 어떻게 하나? 그리고 아이들 이제 교육은 어떻게 해야 하나? 홈스쿨로 해결해야 하나?'

말레이시아에 오기 전 한국에 있을 때, 자녀 1명당 교육비 등 돈이 너무 많이 들기 때문에 출산을 꺼린다는 세상을 향해 "자녀는 돈으로 키우는 게 아닙니다"라고 외쳤던 사람이 나였다. 여섯째까지 임신을 하면서도 내 안에는 이런 확고한 생각이 있었다.

그리고 하나님께도 "아버지, 전 괜찮아요. 돈 없어서 자녀를 안 낳거나 입양하지 않거나 그런 일은 없을 거예요. 홈스쿨 하면 돼요. 그냥 집에서 말씀 암송하고 토론하고 성경 배우고, 또 요즘 세상이 얼마나 좋은지 아이들 교육은 걱정 없어요"라고 큰소리쳤다.

하지만 말레이시아에 와서 비자 해결을 위해 아이들을 학교에 보내기 시작하고, 여섯 아이들 틈에서 큰아이들 한 명 한 명 숙제를 봐주면서 내 역량으로는 여섯 아이를 홈스쿨로 다 교육하는 게 안 될 것 같다는 절망감이 몰려왔다. 이런 현실 속에서 아이들 학비의 부담이 몰려오니 내 속에서 예전에 그토록 부인하던 '자녀를 키우는 데는 돈이 필요합니다. 때때로 중요합니다. 특히 많은 자녀를 키울 때는 더 필요하고 중요할 수도 있습니다'라는 생각을 인정하고 있는 나를 보게 되었다.

답답한 마음에 남편에게 볼멘소리로 한마디 툭 던졌다.

"한국에 있었으면 이런 걱정은 없었을 텐데…. 한국은 사교육 욕심만 안 부리면 교육비 걱정 없이 아이들 학교 보낼 수 있을 텐데."

"쓸데없이 영양가 없는 그런 소리는 하지 말고."

사실 한국에 있을 때는 적은 사례비로도 어떻게든 다 해결이 되었던 것 같다. 한 달에 한 번꼴로 친정어머니가 오셔서 고등어, 갈치 등 생선과 고기 종류를 냉동실에 넣어주셨고, 또 각종 반찬도 해주고 가셨다. 시댁에서도 쌀과 김치 등 시골에 계신 어머니로부터 얻는 것이 많았다. 의료 차상위여서 아이들 병원비, 약값은 500원, 1000원이면 해결되었다.

그런데 선교 나오고 보니 모든 게 다 돈이었다. 의료비는 터무니없이 비쌌고, 모든 먹거리는 다 사야 했다. 거기다가 아이들 학비까지 내야 하니 재정이 만만치 않았다. 막상 선교 나오고 보니 한국에서보다 생활비가 훨씬 많이 든다는 것을 체감할 수 있었고 선교사님들의 삶이 이해되었다. 많은 것들이 해결되는 한국에 있으면서 선교사님들의 삶을 바라보면 무슨 생활비가 그렇게나 많이 드냐고 놀라워했을 것이다.

좀 못 배우고 덜 배우면 어때

남편은 설교 준비하러 나가고, 아이들은 아직 돌아오지 않아 혼자 있는 집에서 휴지를 갖다 놓고 아버지를 부르며 울었다.

"아버지, 우리 여덟 식구 앞으로 어떻게 해요? 우리 여섯 아이들 앞으로 어떻게 공부시켜야 합니까? 하나님, 저는 정보력도 없고, 제가 아이들 잘 가르칠 자신도 없고, 그렇다고 지금까지 아이들을 잘 훈련시키고 잘 키운 것도 아닌 것 같고…. 제가 뭘 알겠습니까? 늘 그렇듯 이렇게 아버지 앞에서 우는 것밖엔 할 줄 모르지 않습니까? 아버지께서 하늘에서 보시고 아이들 장학금 받고 공부할 수 있는 곳 연결해주시고, 아이들 한 명 한 명 자기 재능에 맞게 길을 열어주옵소서. 무엇보다 제게 믿음을 주시옵소서. 아이들의 주인 되신 주님을 신뢰하게 해주세요. 하나님이 키우시는 것을 믿음으로 보게 해주시옵소서."

그렇게 한참을 울고 난 후, 아이들이 학교에서 돌아왔다. 그런데 첫째 세이가 "둘째 조이가 차에서 혼자 더 편하게 앉으려 해서 실랑이를 벌이다가 스쿨버스 아저씨한테 혼이 났고, 내일도 또 그러면 학교 선생님에게 말하겠다고 했다는 말을 들었다"라는 얘기를 했다. 여느 때 같으면 다짜고짜 조이를 혼냈을 텐데, 아이를 불러 침착하게 얘기했다.

"조이야, 넌 열방에 복음을 전하고 말씀을 전할 아이인데 너 혼자 편하겠다고 그 좁은 차 안에서 다른 사람은 배려하지 않고 자리 많이 차지하려고 하면 되겠니? 사도바울 알지? 그 사도바울은 복음을 전하다 사십에 하나 감한 매를 다섯 번이나 맞고 죽을 뻔한 위기도 여러 번 넘기고 배고프고 자지도 못하고 온갖 고생을 다 했잖아. 그런 사도바울 덕분에 소아시아에 복음이 전해졌어. 조이야, 예수님도 우리를 위해 죽으셔서 우리를 살리셨잖아. 예수님 믿는 사람은 내가 더 헌신하고 내가 더 고생해서 다른 사람 살리는 거잖아. 앞으로 조이는 네가 더 불편하더라도 다른 사람 편하게 해주고, 너 먹고 싶은 거 덜 먹더라도 다른 사람 먹게 해주고, 너의 헌신으로 다른 사람 살리는 그런 사람 되거라. 어머니는 우리 조이가 그런 사람이 될 줄 믿는다."

이렇게 말해주었더니 그런 조이가 될 줄로 어머니는 믿는다는 말에 조이가 눈물을 흘렸다.

그리고 첫째 세이에게는 이렇게 말해주었다.

"그런 조이를 보고 네가 못마땅해서 짜증을 내고 혼내고 하는 소리에 아저씨가 운전하다 화가 난 거 아니니? 세이야, 너는 첫째 형아로서 집 밖에서는 조이뿐만 아니라 동생들을 보호해주고 지켜줘야 돼. 조이가 그러더라도 좀 참았다가 집에 돌아와 어머니한테 얘기해서 어머니가 훈계하거나 매를 대면 안전한데, 학교에서나 밖에서 조이의 허물이나 잘못이 들춰지면 조이는 처벌을 받게 될 수도 있잖아."

그렇게 훈계를 하고 아이들 간식을 챙겨주었는데 참 감사했다.

그리고 간식 먹고 나서 숙제하고 있는 아이들 한 명 한 명을 보며 마음껏 칭찬해주었다.

"와, 우리 세이, 이렇게 혼자서도 숙제를 잘 해내고 정말 너무 멋지다. 네가 이렇게 스스로 잘해줘서 어머니는 얼마나 고마운지. 우리 세이가 내 아들인 게 너무 자랑스럽다. 다른 집 아들이었으면 어쩔 뻔했어? 아이고 배 아파라 했겠지?"

오버 액션을 하며 진짜 배 아팠을 것처럼 배를 움켜잡고 하니 아이들이 깔깔 웃어댔다.

"와, 우리 조이, 다들 숙제부터 하는데 매일성경 큐티부터 펴서 하기 시작하는 우리 멋진 아들, 역시 영성을 최우선시하는 우리 아들. 열방에 복음을 전할 우리 아들 멋져부러!"

"와, 우리 딸 예이. 다섯 살밖에 안 됐는데 숙제를 이렇게 혼자서 잘하고…. 우리 예이는 효녀야 효녀! 부모님 안 힘들게 혼자서 척척 잘하는 효녀!"

계속되는 칭찬에 아이들은 춤을 추듯 기뻐했다. 나는 겉으로는 웃고 있었지만, 속으로는 울고 있었다. 아무것도 모르는 바보 엄마를 멋지게 아이들 훈계하고 칭찬하는 똑똑한 엄마로 늘 바꾸어주시는 아버지의 은혜가 너무도 커서, 늘 어떻게 해야 할지 몰라 눈물로 기도하는 바보 엄마의 눈물을 외면치 않고 역사하시는 아버지의 사랑과 성실함이 너무도 크게 느껴져서.

나로 품게 하신 여섯 아이, 좀 못 배우고 좀 덜 배우게 될지라도 그래도 네 명의 아이들이 이 땅에 존재하는 것이, 두 명의 아이가 엄마아빠의 사랑이 있는 가정 안에 있는 것이, 그것만이 가장 중요하고 귀한 것이기에 더 이상 아이들이 많아서 앞으로 어떻게 하나 하는 걱정과 부정적인 생각은 하지 않기로 했다.

지금까지 인도해오신 하나님을 기억합니다

그다음 날, 막내를 유치원 차에 태워 보내고 돌아서서 집으로 오는데 하나님께서 생각나게 해주신 장면이 있었다. 대학교 4학년 봄에 나는 앞으로의 진로를 심각하게 고민했다. 이제 4학년을 마치면 취직을 하든 뭘 해야 하는데 앞으로 뭘 해야 할지를 몰랐다.

나는 영어영문학부였지만 정말 영어가 자신 없었다. 지금도 그렇지만 듣는 것도 잘되지 않았고 말하는 것도 마찬가지여서 유창한 친구들 틈에서 늘 기가 죽어 있었다. 대신 늘 열심히 노력하는 편이어서 수강하는 과목 중에 외우는 것들은 악착같이 외워서 학점은 좋았다. 이런 내가 대학교를 졸업하고 영어로 뭔가를 도전하는 것은 자신이 없어서 그때부터 새벽기도를 작정하고 6개월 정도 눈물로 기도했다.

"하나님, 전 앞으로 뭘 해야 할까요? 영어는 아무리 해도 안 되는 것 같고 늘 자신이 없는데 다른 뭘 해야 할까요?"

하나님께서 가르쳐주시길, 길을 열어주시길 간절히 기도했다. 그러던 어느 날 사회복지에 대한 마음을 강력하게 부어주셔서 사회복지 학부 전공책을 사서 혼자서 공부하기 시작했다. 설명해주시는 교수님이 없지만, 혼자서 읽고 줄을 긋고 외우며 대학원 시험을 준비했다. 사회복지 공부를 하면서도 매일 새벽기도 가서 "하나님, 이 길로 가라 하시니 공부를 하긴 하는데 저 혼자서 이 많은 양의 내용을 어떻게 할 수 있겠습니까? 하나님, 지혜를 주세요. 4년 동안 사회복지를 배우고 대학원을 진학하려는 사람들 틈에서 제가 합격을 할 수 있겠습니까?"라고 울부짖으며 하나님의 도우심과 인도하심을 구했다.

하나님의 기적은 일어났다. 매일 울며 기도하고 난 후 하나님께서 주시는 지혜로 공부하며 시험을 친 내가 우수한 성적으로 장학금을 받고 입학하게 되었다. 그리고 면접 때 면접관이셨던 교수님이 대학원 입학도 하기 전에 학과 담당 조교 자리를 주선해주셨고, 나는 조교일 하며 등록금 걱정 없이 너무도 좋은 환경에서 대학원을 마칠 수 있었다.

그 고마운 분은 경성대학교 정규석 교수님이시다. 크리스천 교수로서 늘 아침에 연구실에 오시면 기도하고 하루를 시작하신 존경하는 교수님, 제자 결혼식에 오셔서 지인들 사진까지 찍고 가신 교수님, 선교 가는 제자에게 매달 후원금 보내주시는 교수님, 지금도 이름도 밝히지 않고 "교수님~" 하고 부르기만 해도 "미나구나" 하고 알아보시는 교수님…. 교수님의 지도학생으로 행복했던 추억이 얼마나 많은지.

대학원 입학하기 전부터 마칠 때까지의 이 일이 생각나면서 하나님께서 이렇게 말씀하시는 것 같았다.

"미나야, 그때 너를 인도했던 나를 기억하고 있지?"

갑자기 눈물이 쏟아지려고 했다.
"네, 기억하고 있지요. 너무도 생생하게 기억하고 있습니다."

"그렇다면 아무 걱정하지 마라. 널 인도했던 내가 너의 자녀들도 인도할 테니 걱정하지 말거라."

12살 때 아버지 돌아가시고, 초등학교 문턱도 밟아보지 못하신 무학력의 어머니 밑에서 내가 대학원까지 공부할 수 있게 해주신 하나님, 앞으로 어떻게 해야 하냐고 묻고 또 묻던 아무 빽도 없던 청년에게 친히 울타리가 되고 인도자가 되어주셨던 아버지 하나님.

그 하나님을 제가 잘 알고 있습니다. 혹 눈에 보이는 환경과 현실 속에서 그 하나님을 잊어버리고 좌절하는 일이 없도록 오늘 기억하고, 내일 또 기억하겠습니다. 아버지 고맙습니다. 아버지 사랑합니다.

남편과 단둘이 가정 출산

'집에서 아기를 낳으면 어떨까?'

여섯째 출산을 두 달 앞둔 어느 날 아침, 갑자기 내게 이런 생각이 떠올랐다. 아니, 떠올랐다기보다는 누군가가 이 생각을 집어 넣어준 것 같은 느낌이 들 정도였다. 나는 이 놀라운 생각을 조심스럽게 남편에게 말했다.

"여보, 혹시… 병원에서 안 낳고 집에서 아기를 낳으면 어떨까요?"

도전과 모험정신이 강하고 새로운 것에 대한 흥미도가 아주 높은 남편은 역시나 나의 예상과 같이 "오, 내 인생 최고의 경험이 되겠는걸?" 하며 들떠서 대답했다.

아기를 나 혼자 낳을 수는 없으니 남편의 도움이 절실한데 아기를 받아야 하는 남편이 하겠다고 하니 우리는 몇 분 만에 '가정 출산'으로 결정을 내렸다.

내가 왜 가정 출산까지 생각했을까? 임신 3개월에 말레이시아로 와서 몇 달이 흘렀고, 성별도 알아야겠고, 아이가 잘 있는지 확인도 해야겠다 싶어서 집 근처 산부인과에 갔는데 초음파 비용만 한국 돈으로 6만 원이 넘게 나왔다. 그리고 알게 된 충격적인 사실은 보통 한국 사람들이 많이 가는 병원에서 분만을 하게 될 경우, 자연분만 1박 2일의 비용이 200만 원을 훨씬 넘는다는 것이다.

'아니, 내 힘으로 내가 낳는데 뭐가 이렇게 비싸?'

이해가 되지 않았다. 그리고 진료를 보러 갈 때마다 의사 선생님이 말씀하시는 영어를 다 알아들을 수가 없었다. 그래서 진료 갈 때마다 나는 항상 초긴장, 초예민 상태가 되곤 했다. 비용도 비싸고, 본능적인 힘으로 아이를 낳아야 하는데 그 극도의 진통 상태에서 내가 영어로 의사나 간호사의 지시를 알아듣고 내 상황을 표현할 수 있을까 생각하니 자신이 없었다.

행복을 누릴 수 없었던 출산의 기억

첫째, 둘째를 병원에서 분만하면서 경험한 순간들이 생각나니 더욱 병원에서 낳기 싫었다.

첫째 출산 때, 무통주사의 부작용으로 정작 힘을 줘서 아기를 낳아야 할 순간에 힘을 제대로 줄 수가 없었다. 그래서 간호사가 내 몸에 올라타서 위에서 아기를 내려보내는 것 같은 과정을 반복했고, 나는 어떻게든 아기를 낳아보려고 무식하게 힘만 주다가 얼굴과 목에 실핏줄이 다 터졌었다. 주님의 은혜로 자연분만에는 성공했지만, 출산 후에 알지 못할 실패감, 우울감, 수치감 등의 감정으로 다시는 아기를 낳고 싶지 않았다.

둘째 출산은 더 최악이었다. 분만실과 분만대기실이 따로 있었는데, 분만대기실에서 아기의 머리가 보일 때까지 진통을 하게 했고, 진통이 최고조에 달하는 분만 임박 때에 나를 휠체어에 태워서 분만실로 옮겼다. 그리고 미칠 것 같은 진통 중에 있는 산모를 수술대로 올라가라고 했고, 간호사들이 날카로운 목소리로 "힘 주세요!"라고 소리쳐댔다. 내가 힘을 줘야 할 시기를 잘 못 맞추는 것 같자 더 날카로운 목소리로 나를 다그쳤다. 눈물이 날 것 같았다.

"제가 잘 못 하겠어요. 제발 저 좀 도와주세요."

눈물을 글썽이며 도와달라고 하자 그제서야 간호사들이 좀 차분한 목소리로 말해주었다. 출산 3분 전쯤 담당 원장선생님이 올라오셨고, 나는 선생님이 도착하자마자 두세 번 힘을 주고는 바로 출산을 하였다.

보호자 남편도 없이, 혼자서 그 차가운 수술대에 누워 간호사들에게 혼나는 소리를 들으며 극도의 두려움 가운데 둘째를 낳았다. 그래서인지 둘째를 낳고 산후우울증이 제일 심했던 것 같다.

첫째 때도 그렇고 둘째 때도 그렇고, 출산을 위해서 간절히 기도했다. 생명 탄생의 환희와 감격을 맛보게 해주시고 출산이 예배 되는 은혜의 순간이 되게 해달라고. 그런데 두 번의 출산 모두 나에게 다시는 아기를 낳고 싶지 않은 지옥 같은 순간이 되었다. 너무 허무했다. 아기를 낳는 것이 이런 것이란 말인가….

셋째를 입양하고 넷째를 임신했을 때, 둘째 출산 때의 악몽 같은 기억이 너무도 심해서 나는 병원이 아닌 다른 곳에서 출산하는 것에 대해서 많이 검색했다. 그러다가 집에서 1시간쯤 떨어진 곳에 산후조리원과 조산원을 같이 하는 곳이 있다는 것을 알게 되었다.

출산을 앞두고 방문해서 조산사 선생님과 상담도 하고 방도 둘러보았는데 병원보다 낫겠다 싶었고, 세 번째 출산쯤 되니 조산사 선생님의 도움만 있으면 아기를 잘 낳을 수 있을 것 같은 생각도 들었다.

진통이 시작되자 세 아이를 친정어머니께 맡기고 남편과 둘이서 조산원으로 향했다. 도착하고 처음에는 조산사 선생님이 아직 멀었다고 남편과 원 내를 계속 걸으라고 하셨다. 계속 걸으며 왔다 갔다 하니 진통의 강도가 세어졌고, 더는 걸을 수 없는 상태가 되었을 때 방 안에서 진통을 했다.

분만이 임박해서는 방바닥에서 나는 남편에게 기대고, 조산사 선생님과 도우미 선생님의 도움을 받으며 소리 한 번 지르지 않고 무사히 출산했다. 옆방에서 아기를 낳는지 알지도 못할 정도로 그렇게 우리 넷이서 조용하게 아기를 낳았다.

출산은 앞서 병원에서의 두 번보다 훨씬 평화롭고 좋았지만, 넷째를 낳고 후처치 후에 아기를 바로 데려가서 나와 남편만 덩그러니 방에 남겨지니 왠지 모를 우울감이 들었다. 조금은 이상했다. 조산원에서 자연주의로 아무런 의료개입 없이 이렇게 아기를 낳았는데도 왜 나는 생명 탄생의 환희와 감격을 누리지 못하고 우울감에 이렇게 눈물짓고 있는 것일까.

하나님께서 주시는 소망으로 기도하며 준비하다

출산의 행복을 누리지 못했던 세 번의 출산 후에 네 번째 출산을 앞두고, 나는 남편과 단둘이 집에서 아기를 낳는 것을 생각하게 된 것이다. '가정 출산'에 대한 생각이 든 후로 계속 기도했다.

출산이 다가오니 주변에서 어떻게 어디서 아기를 낳을 거냐고 묻는 분들이 많았다. 그럴 때마다 "집에서요"라고 말씀드리면 모두 다 황당해하고 혀를 내두르며 위험하다고, 꼭 병원에서 낳아야 한다고 말씀하셨다.

주변 분들이 가정 출산의 위험성에 대해서 너무 얘기하시니 나도 마음의 갈등이 생기기도 해서 하나님의 생각은 어떠신지 계속 여쭤보았다. 그런데 하나님께서 주시는 마음은 사람들의 소리와 달랐다. 내가 꼭 지켜주겠다고, 놀라운 일을 경험하게 될 것이라고 소망과 희망의 마음을 주셨다.

나와 남편의 생각도 확고했고, 하나님께서도 하라 하시니 사람의 소리에 흔들리지 않고 가정 출산을 준비하기 시작했다. 처음에는 자연주의 출산 카페에 가입해서 모든 출산 후기를 읽어갔다. 참 신기했다. 조산원이나 자연주의 출산 병원에서 자연분만을 하는 분들도 있었지만, 나처럼 집에서 아기를 낳고 또는 그렇게 낳으려 하는 분들이 생각보다 많다는 것을 알게 되니 놀랍기도 하면서 큰 힘이 되었다.

출산을 한 달 정도 앞두고는 이웃에 사는 선교사 사모님을 알게 되면서 그 분이 자연주의 출산을 위해 공부하려고 모아두었던 영상 자료들도 얻을 수 있었다. 나도 나지만, 아기를 받아야 하는 남편이 더 중요하기에 실제 분만 영상과 인터뷰 내용 등을 꼼꼼하게 함께 보며 출산을 준비했다.

공부를 하면서 걱정되는 것이 두 가지 있었다. 첫째는 회음부 상처로, 집에서 낳다가 회음부가 많이 찢어지게 되면 병원에 가서 꿰매야 할 텐데 회음부의 상처에 대해서 우리가 어떻게 대처할 수 있을지 걱정이 되었다. 둘째는 태반이 늦게 나오거나 나올 기미가 보이지 않아서 어려움을 겪었다는 후기들이 있어서 태반 반출까지 모든 출산이 순적하게 마무리되지 않을 때는 어떻게 해야 할까 싶었다.

그래서 출산을 앞두고, 회음부 상처 없이 잘 출산할 수 있기를, 태반도 순적하게 잘 나오기를 간절히 기도했다. 그리고 모든 출산 과정 가운데 우리에게 지혜를 주시고, 우리와 아기를 지켜주시길 기도했다.

출산의 과정

예정일을 9일 정도 앞둔 어느 날 저녁부터 배가 살살 아프기 시작했는데 밤새 통증이 가시질 않고 여자의 본능적인 느낌으로 아기가 나올 것 같은 생각이 들었다. 아침 일찍 일어나서 큰 냄비에 미역국을 가득 끓였다. 그날은 아침부터 밤에 출산하기까지 하나님께서 자연관장을 시켜주셨다. 총 4번 변을 보았는데 오늘 출산한다고 몸이 어찌 알고 그렇게 했을까 싶다.

오후부터 진통이 조금씩 시작되었고 저녁 6시가 넘어가니 걷다가 진통이 오면 멈추고 호흡을 해야 하는 상황에 이르렀다. 후다닥 아이들 저녁을 먹이고 정리한 다음, 조 집사님에게 연락을 드렸다.

"집사님, 저 곧 아기를 낳을 것 같아요. 저희 아이들 좀 봐주실 수 있을까요?"

"아이구, 사모님. 네, 알겠습니다. 아이들 데리러 갈게요."

조 집사님께는 출산 전부터 가정 출산을 할 계획이고, 출산할 때 아이들을 돌봐주십사 하고 이야기가 다 되어 있었다.

집사님 내외분이 오셔서 아이들을 다 데리고 가신 후, 남편과 나는 출산 준비에 들어갔다. 작은 방을 출산 장소로 정하고, 출산으로 더러워져도 괜찮을 이불을 깔고 스탠드만 켜고 집 안 모든 불을 껐다. 남편은 잔잔한 CCM 연주곡을 틀어놓았다.

나는 편안한 긴 치마로 갈아입고 편안하게 진통을 넘기고 있었다. 아직 아기를 낳지도 않았는데 가정 출산으로 정하길 잘했다는 생각이 벌써부터 들었다. 언제 병원으로 가야 할지 고민하지 않아도 되고, 짐 챙기지 않아도 되고, 가장 편한 내 집에서 누구의 시선도 의식하지 않고 이렇게 고요하게 평화롭게 진통을 견딜 수 있는 게 천국 같았다.

눕기도 하고 엎드리기도 하며 자유롭게 진통을 견디고 있는데 남편이 일어서 보라고 했다.

"여보, 중력의 법칙이라는 것도 있는데 당신이 서 있으면 아기가 더 빨리 밑으로 나오지 않을까?"

남편 말대로 일어섰는데 진통이 점점 세어졌다. 나는 남편 어깨에 팔을 올리고 남편은 내 허리를 잡아주며 우리는 브루스 춤을 추듯 그렇게 몸을 움직였다. 그러다 고통스런 진통이 오면 남편에게 안기며 진통을 이겨냈다. 진통을 하며 남편과 춤을 출 수 있다니…. 상상도 할 수 없었던 일이었다. 비록 진통의 고통은 있었지만 마음만은 너무 행복했다.

그러고 보면 배 속의 이 아이도 우리 부부의 은밀한 사랑 안에서 잉태되었듯이, 출산도 우리 부부만의 비밀스런 사랑 안에서 이루어지는 것이 당연한 일 아닌가 라는 생각이 들었다.

진통이 더 강해지자 남편이 힘을 줘보자고 제안했다. 남편의 제안에 따라 진통이 올 때마다 힘을 주기 시작했는데 별 성과가 없는 듯했다. 조금 시간이 지나자 예상하지 못했던 강도의 진통이 1분 간격으로 휘몰아치듯 오기 시작했는데, 우리가 너무 일찍부터 힘을 주기 시작해서 난 이미 지쳐버리고 말았다.

몸은 지쳤는데 진통은 너무나 극심하니 나는 두려움에 휩싸였다. 진통 자체도 정신을 잃을 만큼 고통스러운 데다가 우리의 착오로 너무 일찍부터 힘을 주고 말았다는 실패감이 몰려와 순간적으로 자신감을 잃어버렸다. 그 순간 생사를 오가는 듯한 두려움이 엄습했다. 눈에 흰자가 보이고 정신을 잃을 듯한 나를 보고 남편이 소리쳤다.

"여보, 정신 차려야 해! 이러면 안 돼!"

남편이 나를 흔들어서 정신을 차리게 했다. 나도 마음을 다잡았다.

'이러다가 나도 아기도 위험해. 정신을 차려야만 해!'

그래서 다른 말은 생각나지도 않고 "하나님, 도와주세요. 하나님, 도와주세요" 이 말만 반복해서 말했다. 정말 하나님의 도우심이 절실히 필요한 순간이었다. 그래도 남편은 침착했고 내가 출산을 잘 할 수 있도록 끝까지 마음의 평정을 잃지 않고 도와주어 감사했다.

여보, 우리가 낳았어…

"여보, 화장실 변기에 앉아서 힘을 줘봐. 그게 더 나을 것 같아."

진통의 고통이 너무 심해서 일어날 힘도 없을 것 같았지만 지금 이 순간 나를 도와줄 사람은 남편밖에 없었기에 남편이 시키는 대로 무조건 순종했다. 남편 말대로 화장실 변기에 앉아서 진통이 올 때마다 힘을 줬는데 잘되지는 않았다.

다시 남편이 "여보, 재래식 변기에 앉아서 변 보듯이 그렇게 앉아서 해봐"라고 해서 이번에도 무조건 순종했다. 힘겹게 변기에서 내려와서 쪼그려 앉아서 힘을 주었다. 그렇게 몇 번을 했더니 아기 머리가 나온 것 같았다. 내 손으로 밑을 만져보니 머리가 느껴졌다.

"여보, 아기 머리가 만져져요!"

"오, 그래? 그런데 여보, 힘을 좀 더 줘봐. 아직 힘을 조금 더 줘야 돼."

남편 말대로 진통이 몰아칠 때 있는 힘을 다해 힘을 줬더니 아이의 머리가 나왔다.

"자, 이제 우리가 공부한 대로 이제부터는 힘을 빼야 돼. 제이 스스로 나와야 돼."

남편의 말대로 "하, 하, 하" 호흡을 하며 들어가려는 힘을 의도적으로 뺐다. 그랬더니 제이가 어깨를 휙 돌리며 스스로 제힘으로 이 땅에 나왔다. 남편은 한 손으로는 화장실 바닥에 쓰러질 것처럼 누워서 힘을 빼고 있는 나를 받치고, 한 손으로는 쏙 빠져나오는 제이를 잡았다.

제이는 나오자마자 실오라기 하나 걸치지 않은 나의 맨 가슴에 바로 안겼다. 어미의 매끄럽고 부드러운 가슴에 안겨 제이는 세상에 태어난 첫 시간을 보냈다.

"여보, 우리가 낳았어…."

지금까지 기도했던 생명탄생의 환희와 감격이 실제로 존재할 수 있다는 것을 경험했다. 우리 부부 둘이 있다가 갑자기 한 생명이 나와서 셋이 된 이 감격. 아무의 도움 없이, 어미 되고 아비 된 우리만의 힘으로 해낸 출산은 감격 그 자체였다.

화장실 바닥이 차가웠기에 남편은 나를 일으켜서 방으로 옮겨주었다. 원래는 방에서 출산하는 것이 우리의 계획이었는데 화장실에서 낳게 될 줄이야….

방에 누워서도 계속 나의 맨 가슴에 제이를 올려놓고 '캥거루 케어'를 했다. 캥거루 케어는 아기와 엄마의 피부가 맞닿음으로써 심리적 안정감과 유대감을 주는 효과가 있다고 한다. 그리고 엄마에게는 아기의 체온과 촉감을 통해 뇌하수체 후엽을 자극해 옥시토신을 분비하고 모유 분비를 촉진시켜주며, 아기에게는 신생아의 오감 중 가장 먼저 발달하는 촉감을 통해 아기의 건강을 빠르게 회복하고 정서와 두뇌 발달에도 도움을 준다고 한다.

캥거루 케어를 하는 동안, 분명 출산을 했음에도 불구하고 배가 너무 아팠다. 혹시나 싶어 한 번 더 힘을 줬더니 커다란 태반이 쑥하고 나왔다. 태반까지 받아 남편이 나머지 뒤처리를 다 마치고서야 우리의 출산은 끝이 났다.

30분 정도 캥거루 케어를 했는데 제이는 너무도 편안해 보였다. 은은한 불빛에 잔잔한 찬양이 흐르고 방 안은 조용하고 따뜻했다. 나 역시 출산을 다 끝내고 그렇게 누워있으니 너무도 평안했다.

탯줄은 바로 자르지 않고 탯줄의 맥박이 다 멈출 때까지 기다렸다가 소독한 가위로 남편이 잘랐다. 세 번째 출산까지는 아이가 태어나자마자 탯줄을 잘랐는데, 이번에 가정 출산에 대해 공부하며 탯줄을 일찍 자르는 것이 아기에게 좋지 않다는 것을 알게 되었다.

탯줄의 맥박이 다 멈출 때까지 기다려주는 것이 아기에게 더 많은 혈액을 전달하고 빈혈 같은 질환도 막을 수 있다고 했다. 출산 후 5분 동안이라도 탯줄을 그대로 두면 아기는 엄마의 다양한 항체, 중요한 줄기세포, 호르몬, 비타민K를 전달받을 뿐 아니라 전체 혈액량의 3분의 1에서 2분의 1에 해당하는 피도 공급받는다고 했다. 그래서 탯줄을 늦게 자르는 것을 통해 엄마가 아기에게 아름다운 '첫 선물'을 하는 셈이라고 했다.

탯줄은 짧게 자르는 것보다 길게 자르는 것이 좋다고 해서 15센티미터 정도로 길게 잘랐다. 자른 탯줄 끝을 소독하고, 얻은 명주실로 묶어서 마무리했다.

"여보, 나 너무 배고픈데 내가 끓여둔 미역국에 밥 좀 차려주세요."

남편이 미역국과 밥, 반찬으로 간단한 상을 차려왔고 그것을 먹고 나니 힘이 났다. 제이는 태지를 흡수시키는 것이 피부에 좋다고 하여 씻기지 않고 바로 배냇저고리를 입혔다.

얇은 속싸개로 싸서 아이를 안고 소파에 앉았는데 시간이 좀 지나니 울기 시작했다. 그래서 본능적으로 젖을 물렸는데, 젖이 나오는지 안 나오는지 알 수는 없지만 제이는 열심히 빨다가 잠이 들었다.

잠든 제이를 큰방에 눕혔는데 그때부터 밤새 7시간 정도를 깨지도 않고 쿨쿨 자는 것이 너무도 신기했다. 오히려 내가 계속 깨서 아기가 잘 있는지, 숨을 쉬고 있는지 확인했다. 자연주의 출산 후기들에서 읽은 대로 아이는 그렇게 푹 잤다. 엄마 몸의 좁은 길을 통과해서 세상에 나온 첫 여행이 고단했는지 그렇게 곤히 잤다.

자연주의 출산의 황홀한 감격

제이도 잠들고, 출산을 돕는다고 고생한 남편도 잠이 들었는데 나는 잠이 오질 않았다. 정말 나와 남편 둘이서 이 아이를 낳았단 말인가. 믿기지가 않았다. 그리고 뒤돌아보니 하나님께서 우리를 얼마나 세밀하게 지켜주시고 도와주셨는지 느껴졌다. 자연관장에서부터 걱정했던 회음부 상처도 없이, 태반도 순적하게 반출된 모든 것이 하나님의 은혜였다.

생명 탄생의 감격이 얼마나 컸으면 천하보다 한 영혼을 귀하게 여기시는 아버지의 마음이 느껴질 정도로 한 존재의 탄생은 너무도 감격적이었다.

출산이 끝나면 어김없이 찾아왔던 우울증은커녕 자연주의 출산에서 호르몬 샤워라고 불릴 만큼 아무 도움 없이 주도적으로 내가 해냈다는 자신감은 황홀 그 자체였다. 그리고 태어나서 처음으로 내가 여자인 것이 자랑스럽고 행복했다. 그리고 출산 전 과정을 유일하게 함께한 남편과의 사이에는 여느 부부가 가질 수 없는 친밀함과 신뢰가 부어졌다.

자연주의 출산으로 태어난 막내는 놀라운 면역력으로 돌이 되기 전까지 감기로 딱 한 번 아팠던 것 외엔 아픈 것도 없고 건강했으며 정서적으로도 너무도 안정되고 생명 미소가 얼굴에 가득한 사랑 덩어리였다. 웬일인지 주변에서 '부처님'을 닮았다는 당황스러운 말도 여러 번 들었다. 주위 분들에게 막내에 대한 칭찬을 들으면 우리는 대부분 이렇게 말씀드렸다.

"집에서 자연주의로 낳아서 그런가 봅니다."

나는 지금도 남편과 단둘이서 막내를 낳았던 때를 기억하면 감격의 눈물이 난다. 내 생애에 여자로서 가장 행복했던, 잊을 수 없는 감격의 순간이다. 하나님께서 여자의 삶 가운데 허락해주신 생명 탄생의 환희와 감격, 이 황홀함을 많은 엄마들이 경험하기를 바랄 뿐이다.

하나님의 사인, 첫 성교육

그날도 아이들을 위해서 기도하고 있는데 하나님께서 첫째 세이에게 성교육을 해야 할 때가 되지 않았냐는 마음을 주셨다. 일상을 보내면서도 문득문득 그 생각이 들어서 남편에게 "여보, 세이가 이제 11살이 되었는데 하나님께서 아름답고 건강한 성에 대해서 얘기해주라는 마음을 계속 주시네요. 곧 시간을 좀 내봐요"라고 얘기했다. 그렇게 말한 지 며칠 지나지 않아 이것이 하나님께서 주신 사인이 맞다고 감탄하게 되는 일이 벌어졌다.

세이는 제대로 된 전자사전이 없어서 학교 숙제를 할 때 모르는 영어단어나 알고 싶은 단어가 나오면 나에게 핸드폰을 빌려 인터넷으로 검색하고 확인하곤 했다. 그날도 숙제하는 데 필요하다고 해서 세이에게 폰을 빌려주었다가 숙제를 끝낸 후 돌려받았는데, 내가 뭔가를 검색하려고 네이버에 들어갔더니 이전 검색어 목록에 'sex'라는 단어가 뜨는 것이었다.

깜짝 놀라서 급히 세이를 불렀다.

"세이야, 너 이런 단어 검색했니? 어떻게 된 거야?"

"아, 지난주까지 잠깐 다녔던 학원에서 어떤 형아가 이 단어를 가르쳐주면서 꼭 검색해보라고 무섭게 그래서 한번 해본 거예요."

"그래서?"

"별 내용 없는 것 같아서 그냥 포기했어요."

아는 집사님이 운영하시는 영어학원인데 한국 아이들이 많아서 그랬는지 그런 일이 있었나 보다. 그런데 급기야 이런 일까지도 생겼고, 하나님도 계속해서 세이에게 성교육을 하라고 말씀하시니 더 미룰 수는 없었다.

차분한 마음으로 아이들 저녁을 해 먹이고, 씻기고 난 다음에 남편과 나는 11살 세이와 9살 조이와 함께 거실에 앉았다. 나는 종이와 볼펜을 준비해 남자와 여자의 몸을 간략하게 그리고는 설명을 하기 시작했다.

어머니의 성교육

"세이야, 조이야. 오늘은 어머니가 너희들에게 중요한 얘기를 할 거야. 잘 들어야 돼. 창세기에 보면 하나님께서 남자와 여자를 창조하신 거 너희들도 알고 있지? 남자는 남자답게, 여자는 여자답게 그렇게 아름답게 만드셨어.

그리고 모든 사람에게는 본능적인 욕구가 있어. 대표적인 것이 너희들이 피곤하면 자고 싶은 것처럼 수면욕이 있고, 배고프면 먹지 않으면 안 되는 것처럼 식욕이 있어. 그리고 마지막 한 가지가 성욕이라는 거야.

너희들은 지금은 이게 뭔지 잘 모를 수도 있지만, 어머니가 전에 얘기했지? 너희들 곧 있으면 수염도 나고, 겨드랑이나 몸에 털도 나기 시작할 거라고. 그게 2차 성징(性徵)인데 어른의 몸으로 변화되는 과정인 거야.

그런 과정을 겪으면서 인간의 본능적인 욕구인 성욕이 생길 거야. 예를 들어서, 길을 지나가는데 예쁜 여자아이가 보이면 가서 안고 뽀뽀하고 싶은 그런 성적인 욕구가 생길 거야. 중요한 것은 이런 성욕은 나쁜 것이 아니고, 모든 인간이라면 다 느끼게 되는 자연스러운 감정이고 본능이야.

그런데 아까 말한 인간의 기본 욕구들 중에서 수면욕, 식욕과 달리 성욕은 그 욕구를 충족하는 데 주의할 점들이 있어.

여기 그림에 그린 것처럼, 하나님은 남자와 여자를 다르게 창조하셨어. 남자는 돌출된 성기가 있지. 여자에게는 세 가지 구멍이 있어. 하나는 똥이 나오는 구멍이고 또 하나는 쉬가 나오는 구멍이야. 그리고 마지막으로 하나의 구멍이 더 있는데 거기서 아기가 나오는 거야.

남자의 성기가 여자의 그 구멍에 들어가서 남자와 여자가 한 몸이 될 때 남자의 몸에서 나온 정자와 여자의 몸의 난자가 만나서 아기가 생기는 거야. 그렇게 남자와 여자의 몸이 한 몸이 되는 그 행위를 세이가 아까 검색한 단어, 'sex'라고 하는 거야.

여기서 아주 중요한 사실이 하나 있어. 하나님께서 사람에게 성욕을 주실 때, 그 성은 인간으로 하여금 누리라고 주신 귀한 선물이야. 그리고 그 성을 통해서 아기가 태어난다니 이 얼마나 중요한 부분이겠어? 그런데 사단은 하나님이 인간에게 주신 아름답고 건강한 성을 변질시켜 버렸어.

남자와 여자가 만나 '결혼'이라는 안전한 울타리 안에서 이 성을 마음껏 누리는 것이 원래 하나님이 디자인하신 모습인데, 사람들은 자신의 욕구를 채우기 위해서 이것을 깨고 결혼하지 않은 사람들끼리도 성행위를 하고, 그렇게 해서 생겨난 아이들이 버려지게 되는 일들이 생기는 거야. 너희들이 이 부분을 명심해야 돼.

그리고 세상은 이 성을 아름답고 건강하게 표현하지 않고, 아주 자극적이고 쾌락적인 부분을 강조해. 그런 모든 영상과 사진들이 인간을 육체적인 욕구대로 살게 하는 걸 부추기는 것 같아.

애들아, 잘 기억해. 하나님께서 인간에게 누리라고 주신 성의 모습은 아름다워. 그리고 부부의 온전한 연합은 가정을 살리는 힘이 있어. 그리고 기뻐. 결코 죄의식이 없어.

세이야, 조이야. 어머니가 꼭 한 가지 부탁할 게 있어. 이제 시간이 흐르면 너희는 2차 성징을 겪게 되고 성욕도 생길 거야. 그런데 너희 몸과 마음에 일어난 변화를 절대 부모님께 숨기거나 감추지 말고 꼭 의논해줬으면 해.

너희가 결혼하기 전까지는 너희도 그렇고 너희 아내 될 자매들도 그렇고, 몸을 거룩하게 준비해야 돼. 성욕이 일어난다고 해서 결혼도 하지 않았는데 아무하고나 성행위를 하고 그럴 수 없어.

대신 어머니, 아버지가 너희가 결혼하기 전까지 너희 몸을 거룩하게 지키고, 이 성욕의 문제를 해결할 수 있도록 힘을 다해 도와줄 거야. 예를 들어, 너희들이 좋아하고 관심 있어 하는 운동으로 에너지를 쏟는다든지, 배우고 싶었던 새로운 악기를 배우면서 해결한다든지 말이야. 어떻게든 항상 어머니 아버지는 너희들을 이해하고 도울 마음이 있으니 꼭 숨기지 말고 말해야 된다, 알았지?"

가정에서 아름답고 건강한 성을 배우게 하자

두 아이 모두 고개를 끄덕였다. 나는 함께 기도하자고 했다.

"세이, 조이가 결혼할 때까지 이 음란한 세대 가운데서 몸을 거룩하게 잘 지킬 수 있도록 도와달라고, 그리고 이 두 아이의 아내가 될 자매들도 거룩한 신부로 잘 준비되게 해달라고, '주여' 부르고 간절히 기도합시다!"

"주여~!"

나도 남편도 두 아이도 모두 간절히 기도했다. 이렇게 우리는 하나님의 사인 가운데 1차 성교육을 끝냈다. 2차 성교육이 언제 이뤄질지 모르겠지만 앞으로 2차, 3차 계속해서 해나갈 예정이다. 얼마 전 남편과 이런 얘기도 나눴다.

"여보, 우리 아이들이 결혼하기 직전이 되면 부부관계의 실제적인 부분들까지 다 오픈해서 같이 얘기하고 조언하면 좋겠어요."

"그래야지. 나도 그렇게 해야겠다고 생각했어."

아이들을 키우면서, 다른 무엇보다도 행복한 아내와 남편, 사랑하는 부부로 세워지도록 가르치는 것이 중요하다는 생각을 많이 했다. 그래서 다섯 명의 아들들에게 요리도 많이 가르쳐주고 싶다. 아내가 육아로 힘들어할 때 맛난 요리로 아내를 섬기면 그 가정이 얼마나 행복할까?

그리고 남편과 아내가 하나님 주신 아름답고 건강한 성을 마음껏 누릴 때 그 가정엔 얼마나 웃음꽃이 가득할까? 부부의 한 몸 됨에는 신비한 비밀이 있는 것 같다. 남편과 아내 모두가 만족을 누리는 성은 부부에게 큰 활력이 되고, 몸뿐만 아니라 마음도 하나되게 엮어주는 힘이 있다.

여러 소식을 통해, 이 마지막 시대에 사단이 얼마나 이 '성'과 관련해서 많은 크리스천을 넘어지게 하는지를 보고 듣고 있다. 세상이 더욱 음란해질수록 우리는 이 아름답고 건강한 성을 더욱 힘써 지켜야 한다. 그래서 우리 아이들이 다른 곳에서가 아닌, 부모에게서 말씀의 빛 가운데서 건강하게 성을 배우고 알기를 바란다.

생명줄 같은 가정예배

우리 가정이 가정예배를 처음 시작한 것은 첫째 세이가 영아부에 가면서부터이다. 그 당시 대구부광교회 영아부 전도사님이 가정예배를 장려하셨고, 연말에 시상도 있었다. 사역으로 바쁜 남편은 거의 함께하지 못했고, 아장아장 걸어다니기 시작한 세이를 앉혀놓고 나와 둘이서 영아부 찬양도 부르고 해당 말씀도 읽고 같이 기도도 하며 예배를 드렸다.

매일 드리기는 쉽지 않았고 빼먹게 되는 날도 많았지만, 빼먹더라도 다시 노력하고 애를 쓰다 보니 어느새 가정예배가 자리잡게 되었다. 처음에는 아이를 가정예배 때 앉아 있게 하고 예배를 끝까지 잘 드리는 것이 목표였는데 첫째가 가정예배 훈련이 되니 둘째부터 밑의 동생들은 자연스럽게 '아, 이렇게 하는 건가 보다'라고 생각하는 것 같았고, 그래서 함께 예배드리는 것이 그리 어렵지 않았다.

남편이 전임사역자일 때는 같이 드릴 때도 있고 나 혼자 아이들과 드릴 때도 있었지만, 남편이 선교 준비로 파트 사역을 하게 되면서부터 선교사로 나온 지금까지는 매일 남편과 함께 가정예배를 드릴 수 있어서 좋았고, 역시나 가장인 남편 없이 우리끼리 드리는 예배보다 남편도 함께 하나 되어 드리는 예배는 더욱 뜨거웠다.

우리 집 가정예배 풍경

아이들은 어렸을 적부터 가정예배를 무척이나 좋아했다. 지금도 그렇지만 찬양이 시작되면 12살 된 첫째 아들부터 막둥이들까지 일어서서 춤을 추고 베개로 악기를 만들어 연주한다고 난리법석이 될 때가 많다. 우리 부부가 참다못해 너무 정신이 없어서 앉으라고 절제시킬 때가 한두 번이 아니었다.

그렇게 찬양이 끝나면, 설교나 말씀 읽는 것 대신 303비전성경암송학교를 했을 때부터 우리 가정이 암송하고 있는 말씀을 선포했다. 암송 후에 각자의 기도 제목과 감사 제목을 나누었다. 아이들이 어릴 적부터 이렇게 나눔을 하니, 훈련이 되어 어느새 자기 생각을 조리 있게 잘 표현하는 모습을 보게 되었다.

함께 나눈 기도 제목을 가지고 합심해서 통성으로 "주여~!"를 외치고 기도했다. 우리 부부가 큰 소리로 간절히 기도하니 아이들도 따라서 간절함으로 기도했다.

요즘은 가정예배 때 기도하는 순서가 되어 남편이 "기도 무릎!" 하고 외치면 모두 무릎을 꿇는다. 그리고 "펭귄 손! 오랑우탄 손!"

하고 외치면 아이들이 꿇은 무릎 옆에 손을 펭귄처럼 하든지 주먹을 쥐어 받치든지 해서 기도 자세가 흐트러지지 않게 한다. 무슨 기도를 하는지 모르겠지만 어린 막둥이들도 그렇게 기도 자세를 하고는 뭐라 뭐라 간절히 말하는 모습을 보면 울컥해질 때가 있다.

합심해서 기도하고 나면 주기도문이나 남편의 축도로 예배를 마친다. 예배를 마친 후 예전에는 축복송을 불렀는데 몇 년 전부터는 축복송을 부르며 서로 안아준다. 남편과 나의 주위로 아이들이 순서대로 서서 "사랑합니다"라고 말하며 서로를 꼭 안아주고 뽀뽀해준다.

이 시간이 참 감사하고 좋다. 하루하루가 지나도 아이들에게 사랑한다 말 한마디 못할 때가 얼마나 많은가. 그런데 예배 순서에 이런 시간이 있으니 날마다 아이들에게 사랑한다고 말해줄 수 있어서 얼마나 감사한지 모르겠다.

그리고 12살 된 첫째 아들과도 아직까지 쪽쪽 뽀뽀할 수 있는 엄마라는 사실도 얼마나 감사한지. 특히 우리 둘째 조이는 뽀뽀를 양쪽 볼과 입에 10번이 넘게 해준다. 조이의 뽀뽀는 부담스러울 때가 많지만, 그래도 난 행복한 엄마인 것 같아 웃음 짓게 된다.

혹시 그날 아이들과 사이가 안 좋았던 일이 있더라도 이 시간을 통해서 사과도 하고 용서도 받으며 사랑으로 하루를 마무리할 수 있어 감사하다. 그리고 이제 십 대에 들어선 첫째, 둘째 아이를 생각할 때 매일 이렇게 부모와 허깅하고 사랑한다고 고백한다면 세상이 두려워하는 사춘기도 주님 안에서 잘 보낼 수 있지 않을까 하는 희망을 품게 된다.

지난날 우리의 가정예배는 우리 가정이 어려울 때, 힘들 때, 하나님의 도움이 절실히 필요할 때 우리에게 생명줄 같고 기둥과도 같은 역할을 해왔다. 그때는 합심기도 할 때 우리 부부의 기도가 더욱 간절했다. 눈물로 기도했다. 오직 하나님만이 우리의 도움이시고 해결자 되심을 선포하고 애원하는 기도였다.

아이들도 함께 간절히 하나님께 매달렸고, 고비마다 어려운 순간마다 하나님께서 어떻게 선하게 인도해주셨는지, 우리의 간절한 기도에 하나님께서 어떻게 응답하셨는지를 함께 보아왔다.

믿음의 가정들이 연합하는 예배를 꿈꾸다

나는 믿음의 가정이 만나면 같이 예배드리고 싶은 열망이 강했다. 특히 말레이시아로 오고 나서는 다른 가정이나 개인이 우리 가정에 와서 저녁까지 머무르게 되면 무조건 같이 예배를 드렸다. 세 가정 이상 모여서 함께 예배드릴 때는 너무 감격스러웠다. 큰 찬양 소리와 큰 기도 소리…. 내 속에서 '와~' 하는 탄성 소리가 나왔다.

믿음의 가정들이 그냥 교제하는 것도 좋지만, 모여서 그렇게 함께 예배드리는 것은 훨씬 더 좋았다. 물론 내가 의도한 것은 아니지만 우리 아이들이 이것을 보고 '아, 믿음의 가정들이 만나면 이렇게 같이 예배드리는 거구나'라고 생각하고 훗날 자신들이 어른이 되어서도 모이기만 하면 예배드리기를 좋아하는 우리의 다음세대들이 되기를 소원했다.

어느 날 저녁, 예배드리기 위해 우리 여덟 식구가 둥그렇게 모여 앉았는데 첫째와 둘째가 이런 말을 했다.

"어머니, 예배드리는 사람이 너무 적은 것 같아요. 텅텅 비어 있는 것 같아요. 앞으로 한 3명은 더 낳든지 데리고 오셔야겠어요."

나는 이게 뭐가 적냐고 툴툴거렸지만 많은 사람과 함께 예배드리고 싶어 하는 아이들의 마음이 느껴졌고, 지금까지도 줄줄이 동생에 힘들었을 법한데 더 해야 한다고 하니 마음 한편으로는 감사했다.

우리는 종종 아이들에게 나중에 커서 결혼하면 자녀를 많이 낳아야 한다고 얘기했다. 그래서 그런지 우리 아이들은 어떤 아이는 10명 낳겠다, 어떤 아이는 5명까지는 낳겠다 했는데, 어느 날인가는 예배드리기 전에 둥그렇게 모여 앉아 이런 이야기를 나누다가 그럼 훗날에 우리 온 가족이 모였을 때 몇 명이 될지 한번 계산을 해보았다.

모두 5명씩은 기본으로 낳는다고 가정해보면, 우리 부부 2명에 우리 아이들과 배우자 12명, 그리고 손주 30명까지 모두 44명이 모여 예배를 드리게 된다는 답이 나왔다. 우리 모두 입이 쩍 벌어졌다. 44명이 모두 함께 예배드리려면 우리는 진짜 큰 집에 살아야겠다고 남편과 웃으며 이야기를 나누었다.

생각만 해도 가슴이 설레었다. 3대까지 40명이 넘는 우리가 함께 예배드릴 그날이 너무도 기대되었다. 그날의 찬양 소리와 기도 소리는 얼마나 크게 울려 퍼질지….

교회의 소중함

선교 나온 후, 내가 가장 힘들었던 것은 '교회가 없다'라는 사실이었다. 물론 말레이시아에 교회가 없는 것은 아니었지만, 이제 목회자가 아닌 선교사로 이 땅에 와보니 오라는 교회도, 가야 하는 교회도 없었다.

처음 몇 주는 집에서 가정예배를 드렸다. 그런데 주일까지 가정예배로 드리려고 하니 무엇인가 모르게 답답하고 주일 같지 않았다. 그래서 남편과 집 가까이에 있는 교회를 가보았는데 언어의 장벽이 생각보다 컸다. 나와 아이들은 예배를 드리는 사람이 아니라 예배가 끝나기를 기다리며 버티는 사람이 되었다.

주님을 외쳐 부를 교회를 찾다

부르짖어 기도해보지 못한 지 한 달째, 예배의 감격을 잃은 지 한 달째, 나는 죽을 것 같았다. 선교는 고사하고, 크리스천으로 생명력을 잃어버리고 메말라 살 수 없을 것 같았다. 남편에게 간절하게 애원하듯 말했다.

"여보, 우리 한인교회에 가요. 나 죽을 것 같아요. 이렇게는 못 살겠어요."

남편은 처음에는 별 대답이 없었다. 물론 남편의 사역이 특수해서 이 땅에서 자신의 선교 필드는 없고, 주변 선교사님들을 찾아가서 선교 영상을 찍어드리고 후원 체계를 마련해드리는 것이었기에 나와 아이들이 섬길 교회가 필요했던 것은 사실이었다.

그런데 막상 선교사로 나왔는데 한인교회에 등록하고 출석하는 것에 조금은 용기가 필요했다. 그 중심에 '후원자분들과 이 땅의 주변 선교사님들이 어떻게 생각할까'라는, 사람을 의식해서 주저되는 부분이 있었다.

하지만 난 아무것도 생각되지 않았다. 일단 살고 싶었다. 고민하던 남편도 나의 간절함을 헤아려주었고, 우리는 'KL중앙교회'에 등록하고 예배에 출석했다.

나는 첫 예배를 잊을 수 없다. 교회 본당 문을 들어서는 순간 들려오는 한국 찬양, 한국 사람들…. 찬양을 듣자마자 눈물이 흘렀다. 내 속에서 '와, 와…' 하고 감탄이 계속 흘러나왔다. 첫 예배의 마지막 찬양이 '마라나타'였다.

마라나타 주 예수여 어서 오시옵소서
땅의 모든 끝 모든 족속 주를 찬송하게 하소서

마라나타 주 예수여 어서 오시옵소서
모든 열방이 주께 돌아와 춤추며 경배하게 하소서

우리 주님 다시 오실 길을 만들자
십자가를 들고 땅끝까지 우린 가리라
우리 주님 하늘 영광 온 땅 덮을 때
우린 땅끝에서 주를 맞으리

마라나타 마라나타 아멘 주 예수여 오시옵소서
마라나타 아멘 주 예수여 오시옵소서

이 찬양을 부르는데 눈물이 하염없이 흘렀다. 나중에는 꺽꺽대며 울며 불렀다.

'아버지, 저 다섯 아이 데리고 배 속에 여섯째까지 품고 이 땅에 왔어요. 너무 낯설고 두렵고 내 나라로 돌아가고 싶어 밤에 지나가는 비행기 보며 울었어요. 하지만 우리 가정을 통해 주님 오심을 앞당길 수만 있다면….'

찬양이 끝나고 목사님의 설교 시간이 되었는데 담임목사님의 진정성 있는 설교는 너무도 은혜로웠다. 아버지가 자녀에게 말씀하시듯, 목자가 길 잃은 양에게 인도하듯 말씀하셨다.

예배가 끝나고 떡이 간식으로 나왔는데 나는 '말레이시아에서도 떡을 먹을 수 있다니!' 하고 깜짝 놀랐다. 아무튼 우리 가족에게 한 인교회에서의 첫 예배는 놀라움의 연속이었다.

금요일이 되어 다섯 아이를 챙겨서 첫 금요기도회에 갔다. 기도 시간까지 아이들을 재운 후, 개인기도 시간이 되었을 때 말레이시아에 와서 처음으로 "주여!" 외쳐 불렀다. 한 번 더 "주여!" 하고 불렀다. 얼마 만에 큰 소리로 간절히 불러보는 주님의 이름이던가. 너무도 감사했다. 이 무슬림 땅에서 마음 놓고 이토록 "주여" 하고 외쳐 부를 수 있는 곳이 있다니.

남편도 나도 눈물로 간절히 주님을 찾았다. 부르고 싶은 만큼 주님을 부르고 내 마음을 주님 앞에 다 토해내었더니 살 것만 같았다. 내가 있는 곳이 어디든 살 수 있을 것 같았다.

이곳에서 이렇게 예배의 감격을 누리고 부르짖는 기도를 할 수 있게 되면서, 하나님께서 내게 교회를 사랑하는 마음을 주셨다. 한국에 있을 때는 느껴보지 못한 교회의 소중함이었다. 함께 예배드릴 공동체가 있다는 것, 예배드릴 예배당이 있다는 것, 마음껏 부르짖으며 기도할 수 있도록 보호된다는 것, 내게 너무나 소중했다.

그래서 말레이시아로 우리를 만나러 오시는 분들이나 한국에서 안부를 묻는 분들에게 담임목사님의 설교가 얼마나 은혜로운지, 교회가 있어서 얼마나 감사한지 등 목사님 자랑 교회 자랑을 하니 교회를 사랑하는 마음이 더욱 부어졌다.

교회를 섬기게 되다

교회를 사랑하는 마음으로, 교회에 감사하는 마음으로 남편은 목회자의 신분도 내려놓고 예배를 잘 드리고 있었는데 담임목사님이 남편에게 파트로 주일에 유치부 설교를 해줄 수 있겠냐고 물으셨다. 그래서 남편은 유치부를 맡게 되었고, 대신 주일을 포함해서 사역을 나가야 할 때는 교회의 배려 가운데 MSM 사역도 계속해서 할 수 있게 되었다.

생각지도 못한 은혜를 예비해두신 하나님께 너무도 감사했다. 파송교회 없는 우리에게 KL중앙교회는 파송교회 못지않은 든든한 교회가 되어주셨다.

그리고 나도 지금까지는 사모로 뒤에서 말없이 섬기며 기도만 해왔는데 이 교회에서는 사모님들도 함께 교회를 섬기는 모습을 보면서 막내가 4살이 된 올해부터는 남편이 맡게 된 초등부를 함께 섬기게 되었다.

우리 집 여섯 아이를 돌보고 챙기는 것만으로도 벅찰 때가 많지만 내가 교회를 통해서 회복되고 누리게 된 것들이 너무도 많아서 그 사랑의 빚을 갚는 심정으로 섬기고 있다.

첫 몇 주는 주일에 섬기고 오면 몸살이 났다. 그리고 결혼해서 지금까지 이름만 사모였지 아무것도 하는 것 없이 아이들만 키우다가 공과 준비해서 반 모임을 인도하려고 하니 자신 없을 때도 많았고, 초등부 아이들에게 가사의 은혜도 잘 전달하고 함께 잘 부를 수 있는 곡을 선정해서 찬양팀 아이들 연습시키고 찬양 인도를 하는 것도 쉽지 않았다.

초등부를 섬기면서 실수도 많고, 내 안의 아직 다듬어지지 않은 부분들이 밖으로 표출되는 일들을 겪으며 좌절할 때도 있고 눈물 흘릴 때도 있었다. 하지만 내가 우리 교회에서 처음으로 "주여!"를 외치며 감격의 눈물을 흘렸던 그때를 생각하면 하나님께서 다시 일어설 힘을 주시고 교회 일의 작은 부분이지만 내가 섬길 수 있는 것이 얼마나 감사한지 다시금 깨닫게 된다.

새벽기도나 금요기도회에 가서 기도를 시작하면, 예전에는 내 기도가 급해서 내 기도부터 시작할 때가 많았다. 하지만 하나님은 교회의 소중함을 부어주신 후로는 급한 내 기도도 내려놓고 먼저 교회를 위해서 기도하게 하셨다.

그래서 담임목사님과 그 가정을 위해서, 부교역자들과 그 가정을 위해서, 장로님, 권사님, 안수집사님 직분자들을 위해서, 우리 교회 주일학교의 예배와 아이들을 위해서, 초등부 우리반 아이들과 찬양팀 아이들을 위해서… 나름대로 교회를 위해 기도해야겠다고 생각하는 내용들로 기도를 한 다음에야 급하게 말씀드리고 싶었던 내 기도를 시작한다.

선교 나와서 마음껏 주님의 이름을 부르지 못하고 감격의 예배를 드리지 못해 신음하고 고통스러웠던 시간을 통해 하나님께서는 내게 생각지도 못한 교회 사랑의 마음을 부어주셨다. '교회'라고 하면 눈물이 날 것 같은 마음…. 그래서 찬송가 208장의 고백이 나의 고백이 되게 하신 하나님께 감사와 영광을 올려드린다.

내 주의 나라와 주 계신 성전과
피 흘려 사신 교회를 늘 사랑합니다

이 교회 위하여 눈물과 기도로
내 생명 다하기까지 늘 봉사합니다

6장

바보 엄마,
꿈을 꾸다

화살이 가득한 복된 삶

어느 주일, 첫째와 둘째가 한 집사님에게 조금은 곤란한 질문을 던
졌다.

"가족이 3명 밖에 없어요?"

질문의 내용도 그랬지만, 아이들의 표정이 어쩌면 가족이 3명 밖
에 없을 수 있는지 이해할 수 없다는 놀라움을 연신 드러냈다. 나
는 생각지도 못한 갑작스런 아이들의 질문에 놀랐고, 집사님의 마
음이 불편하실까 봐 눈치만 살피고 있었다. 감사하게도 집사님은
"응. 아직은 3명밖에 없네"라고 웃으며 대답해주셨다. 요즘 시대에
사람들이 대가족인 우리의 모습을 놀라워하는 것이 어쩌면 당연할
텐데, 우리 아이들은 대가족을 당연한 모습으로 여기고 가족이 적
은 것을 신기하게 쳐다본 것이 감사하면서도 웃음이 나왔다.

그런데 시간이 흐르면서 아이들이 왜 그랬는지 아이들의 마음이 이해되기 시작했다. 아이들에게는 형제가 많고 가족이 많은 것이 좋았기 때문이다. 이 좋은 것을 누리지 못할 가족이 신기하게 보였던 것이었다.

아이들이 자라가면서 하나님은 다자녀에 대한 행복과 기쁨을 점점 더 맛보게 해주셨다. 나는 아이들의 놀이에 '인원 수'가 절대적이라는 것을 아이들이 노는 모습을 보면서 깨달았다. 육남매의 놀이에는 불가능이 없었다. 3대 3으로 즐기는 축구는 기본 중의 기본이며, 야구, 배드민턴, 릴레이 계주도 흥미 넘치게 즐기는 모습을 보며 배꼽을 잡기도 했다.

어느 날은 첫째가 놀면서 이런 말을 했다.

"형제가 많으니 이런 것도 가능하네. 하하하."

실외 놀이도 재미있지만, 집 안에서도 놀이에 대한 아이들의 창의성은 끝이 없었다. 어느 날은 집안의 온갖 물건을 다 가져다가 한쪽에서는 시장판을 벌여놓고, 한쪽에서는 은행 부스를 차려서 돈이 필요한 사람들에게 돈을 공급하고 있었다.

놀이뿐만 아니라 각종 발표회도 열린다. 기타, 드럼, 피아노를 연주하는 밴드팀과 찬양을 부르는 싱어들로 구성된 육남매 워십팀이 뚝딱 만들어져서 얼마나 뜨겁게 찬양하는지! 한 번은 유치부와 초등부로 나누어서 공연을 준비하고는 우리 부부를 앉혀놓고 심사를 해달라고 하기도 했다.

다 같이 어울려 놀기도 하고, 셋씩 따로 놀기도 하고, 둘씩 속닥속닥 놀기도 하고…. 요즘 아이들이 놀이문화가 없고, 영상과 게임에 중독되어 있다는 소식을 들으면서 형제가 많아서 뭐든 같이 할수 있고 심심할 틈이 없는 것이 하나님께 참으로 감사했다. 형제가많은 것이 우리 아이들을 세상의 문화에서 지켜준다는 생각까지 들었다.

우리 집에서 교회에 가려면 약간 비탈진 언덕길을 올라가야 한다. 그날도 아이들과 땀을 뻘뻘 흘리며 걸어가고 있는데 셋째와 넷째가 선두에서 씩씩하게 뛰어가다가 넷째가 지쳐서 그런지 점점 뒤처지고 있었다. 그런 동생을 향해 셋째 태이가 큰 소리로 외쳤다.

"포기하지 마!"

포기하지 말라는 형의 말을 들은 넷째 로이가 다시 힘을 내어 뛰어갔고, 그 뒤에서 뒤따라가던 나머지 아이들도 셋째의 소리를 듣고 "와~" 하면서 힘을 내어 뛰어가는 모습을 보았다. 그 순간 나는 눈물이 나려고 했다. 그리고 기도가 절로 나왔다.

'주님, 저에게 미리 보여주신 장면이죠? 앞으로 이 아이들이 걸어가야 할 믿음의 길이 때로는 포기하고 싶을 정도로 힘들고 좁은 길이 될 수도 있을 텐데 그럴 때마다 서로에게 포기하지 말라고 격려하고 일으켜주는 육남매가 되게 해주시옵소서.'

함께라서 좋아!

형제가 많다는 것이 때로는 부모로서 마음이 짠할 때도 있다. 한 번은 첫째 세이가 교회에서 간식을 받아왔는데 좀 나눠달라고 줄을 서 있는 동생들에게 자기 먹기에도 별로 많지 않아 보이는 그 과자를 다 나눠주고는 조금 남은 것을 아껴서 먹는 것을 볼 때 어찌나 마음이 짠하던지.

하지만 하나님은 세이에게 그것을 뛰어넘을 탁월한 지혜를 주셨다. 간식을 받을 때마다 "선생님, 제가 동생이 많아서 그런데요, 제 동생들 것도 좀 더 주시면 안 될까요?"라고 부탁드려 여유롭게 간식을 받아와서는 '바로 이거야' 하는 표정으로 해맑게 웃으며 먹곤 했다.

형제가 많아서 나누고 양보해야 할 것이 많지만, 이 또한 이웃 사랑을 실천하는 그리스도인으로 키우시려는 아버지의 디자인이심을 믿으며 감사하게 된다. 또한 아이가 많고 형제가 많고 가족이 많으면 다른 가정들에 비해서 힘들고 어려운 점도 많은 것이 사실이다. 하지만 신기하게도 함께하는 기쁨이 너무도 크고 강력해서, 힘들고 어려우면서도 이 삶이 좋다.

집안일과 아이들 돌보느라 지치고 힘들어서 침대에 누워서 쉬고 있는데, 따스한 주님의 음성이 들렸다. 시편 127편으로 내게 말씀해주셨다.

"젊은 자의 자식은 장사의 수중의 화살 같으니 이것이 그의 화살통에 가득한 자는 복되도다. 사랑하는 내 딸아, 네가 복되다. 네 삶이 복되다."

눈물이 주르륵 흘렀다. 자녀가 많다는 게 어떤 것인지, 무엇이 복된 삶인지 알지도 못하는 바보 엄마였지만 하나님께서 하라고 하시는 대로 한 명 한 명 낳아 키워오던 내 삶을 향해 "복되다"라고 말씀해주시는 아버지의 음성을 들으니 얼마나 가슴이 벅차던지.

지난날, 계속되는 육아 속에서 나 또한 나 자신이 너무 바보같이 느껴져 눈물 흘리던 날이 많았는데, 역시나 우리 하나님은 너무도 좋으셔서 나를 화살통에 화살이 가득한 복된 삶으로 인도해주셨다. 그리고 나에게 말씀하신다. 앞으로 이 복된 삶을 더욱 누리게 될 것이라고.

가난하고 소외된 자들을 살리는 인생이길

어느 때와 같이 첫째부터 셋째까지 아이들을 다 재우고 아이들을 위해서 눈물로 기도하고 있던 어느 금요기도회 때 하나님께서 나의 기도에 강력하게 역사하셨다. 내가 한 번도 생각해보지 못했던 말들이 내 입을 통해서 나왔다.

"약한 자, 가난한 자, 소외된 자, 병든 자, 그들의 눈물을 닦아주고 그들의 목소리를 대변하며 그들을 복음으로 살려내는 생명의 일꾼들이 되게 하옵소서."

방언도 아닌 한국말로 내가 기도하는데 이것은 내가 생각해서 한 기도가 아니었고, 뭐라 말하기는 힘들지만 하나님께서 내 입에 기도할 말을 넣어주시는 것 같았다. 그날의 놀라운 경험으로 나는 하나님께서 내게 하라고 하신 이 기도를 나의 자녀들에 대한 첫 번째 기도 제목으로 삼았다.

그리고 틈나는 대로, 암송 확인한 후 축복기도 해줄 때나 가정예배 때 대표기도할 때마다 이 기도를 아이들에게 많이 들려주었다. 앞으로 너희들이 어떻게, 어떤 모습으로 자라든지 너희에게 하나님께서 주신 비전은 그들을 살리는 것이라고….

12살부터 4살까지의 우리 아이들은 가정예배를 드리고 잠자리에 들려고 누우면 꼭 하는 말이 있다.

"어머니, 아버지, 이야기해주세요!"

언제부터 시작되었는지 모르겠는데 꼭 자기 전에 이야기를 지어서 들려준 것이 2년은 넘은 것 같다. 토끼와 거북이, 개미와 베짱이, 나무꾼과 호랑이 이런 이야기들은 몇십 번씩 해주다 보니 제목만 꺼내도 아이들이 기겁하며 다른 이야기를 해달라고 난리였다. 그래서 지어낸 이야기가 '떡볶이 아줌마' 이야기였다.

떡볶이 아줌마 이야기

"옛날옛날 어느 마을에 떡볶이를 파는 아줌마가 살았어. 이 아줌마의 떡볶이와 물오뎅, 튀김은 너무도 맛이 있어서 늘 손님이 많았어. 특히 아줌마 가게가 학교 앞에 있어서 학교 마치고 집에 가는 아이들이 많이 사 먹고 가곤 했어.

그날도 아이들이 많이 와서 사 먹었는데, 아이들이 다 가고 난 후에도 한 아이가 남아서 가지 않고 서 있는 거야. 아줌마가 이상해서 '너 왜 안 가고 그렇게 멀뚱히 서 있니?'라고 물었어. 아이는 조심스럽게 이야기를 꺼냈어.

'저…, 저 떡볶이와 물오뎅이 너무 먹고 싶어서요.'

아줌마가 '그럼 사 먹으면 되지 왜 그렇게 서 있어?'라고 했더니 아이가 '사실은… 돈이 없어서요'라고 대답했어. 아줌마는 순간 울컥했는데 참고 아무렇지도 않은 듯이 말했어.

'그래? 그럼 일단 먹고 싶은 만큼 실컷 먹어. 대신 공짜는 아니야. 먹은 만큼 날 도와주고 가야 돼.'

그랬더니 아이가 '정말요?' 하며 환한 얼굴로 허겁지겁 떡볶이와 오뎅을 먹기 시작했어. 한참을 먹던 아이가 눈물을 글썽이며 '아줌마, 정말 실컷 먹었어요. 이렇게 배부르게 먹어본 적이 처음인 것 같아요. 그런데 아줌마 떡볶이 정말 맛있어요! 최고예요!'라고 말했단다.

아줌마는 '그렇지? 맛있지? 떡볶이 먹은 값 대신해서 1시간 동안 날 좀 도와줘야 해'라고 말했어. 그러자 아이는 '뭐든지 시켜주세요. 저 원래 일을 참 잘해요' 하고는 손님들 가고 난 뒷정리를 도와 드렸어.

1시간이 지나자 아줌마는 그만하고 집으로 가라고 하면서 마지막으로 이렇게 말해줬지.

'너 이름이 뭐니?'

'김철수요.'

'철수 너 앞으로 학교 마치고 아줌마한테 와서 꼭 떡볶이와 오뎅 먹고 가. 알았지?'

'네, 정말요?'

'그럼, 매일 철수 너 못 보면 큰일 날 것 같아서 말이야.'

'흑흑. 아주머니 감사해요.'

이렇게 해서 철수는 매일매일 배부르게 떡볶이와 오뎅을 실컷 먹었답니다. 끝~"

그들을 사랑으로 먹이고 돌보는 꿈

"감사합니다~"

이야기를 다 듣고 나면 아이들은 곧바로 잠이 들었다. 다음 날도, 그다음 날도 떡볶이 아줌마로 시작된 이야기를 주인공만 바꿔서 호떡 아줌마, 과수원 아저씨, 솜사탕 아저씨, 붕어빵 아줌마 등으로 이야기해주었다.

다 레퍼토리는 비슷했다. 주인공 아줌마, 아저씨가 배고픈 아이를 사랑으로 먹이고 그후로도 계속 돌봐주었다는 내용이었다. 어느 날은 이런 이야기를 해주다가 나도 모르게 눈물이 터져서 한참을 울다가 이야기를 이어간 적도 있었다.

나는 아이들이 알기를 바랐다. 이 땅에는 가난한 자들, 소외된 자들, 병든 자들, 외로운 자들이 많이 있음을. 그리고 예수 믿는 우리는 그들을 외면하지 말아야 함을. 너희가 각자의 자리에서 그들의 눈물을 닦아주고, 그들의 목소리를 대변해주어야 함을. 그래서 그들에게 예수님이 삶의 소망 되시도록 통로가 되어야 함을.

여섯 아이를 키우며 아이들의 모습 속에서 실망이 되고 낙심될 때도 많았다. 지금도 그렇고 앞으로도 그렇겠지만 내게 주신 이 비전을 꼭 붙잡고 싶다. 그리고 꿈을 꾼다. 눈물로 키운 나의 아이들이 비록 세상에서 화려하지는 않지만, 각자의 삶 속에서 이들을 살리는 일을 하며 하늘 아버지를 향해 함박웃음 짓는 그 모습을….

갑절의 부흥을 주소서

본래 나의 예배 장소는 본당이었다. 그런데 첫째를 낳고부터는 자모실이 나의 예배 장소가 되었다. 자모실에서의 첫 예배부터 시작해서 시간이 흘러갈수록 자모실의 풍경이 나를 놀라게 했다.

걷기 시작하는 아이를 둔 엄마들이 돌아다니는 아이를 잡느라 진땀을 빼는 모습들, 예배를 드리러 왔지만 예배는 못 드리고 아이가 잘 앉아 있게 하기 위해서 아이만 붙잡고 있는 엄마들, 수유하는 곳이나 기저귀 가는 장소에 가면 예배를 포기한 듯이 아이를 잘 놀게 하고 주위의 엄마들과 이야기하고 있는 모습들…. 지난 10여 년 동안 자모실에 있으면서, 예배에 대한 사모함을 잃어버린 엄마들이 참으로 많다는 것을 계속 느끼게 되었다.

아직도 기억나는 일이 있다. 외부 강사로 오신 목사님이 설교를 시작하시면서 본인은 자녀가 셋인데 애를 셋 키우면 10년은 영적 침체기를 보내야 한다는 말씀을 하셨다. 그 목사님의 말씀에 모두가 공감한다는 듯이 웃음을 터뜨리며 고개를 끄덕였다. 그때 나는 내 속에서 이렇게 소리치고 있었다.

'여러분, 아니에요. 아이를 키우는 시기는 영적으로 침체되는 시기가 아니에요. 그것은 하나님께서 원하시는 게 아니에요. 그리고 그것은 진실이 아니에요. 시편 107편 9절에 "그가 사모하는 영혼에게 만족을 주시며 주린 영혼에게 좋은 것으로 채워주심이로다"라고 말씀하셨어요. 아이가 있든 없든, 아이가 많든 적든 하나님은 사모하는 자에게 반드시 만족을 주시는 분이셔요. 여러분, 아이를 키우는 시기를 영적 침체기로 보내게 하는 사단의 속임수에 속지 마세요! 예배에 부어주실 은혜를 사모하는 마음을 절대로 잃지 마세요!'

자모실에서 예배드리며 이런 생각을 했다.

'아이를 출산하고 자모실에 들어와서 예배를 드리는 순간, 그 전까지의 내가 진정한 예배자였나 아니었나가 밝혀지는 시간이구나. 정말 내가 하나님을 갈망하고 은혜를 사모하는 진정한 예배자였다면, 비록 어려움이 없는 것은 아니지만, 아이와 함께이든 유리벽으로 둘린 자모실이든 그것은 나의 예배를 가로막을 수 없어.'

그래서 나는 아이들을 낳고 키우면서 이런 기도 제목을 품게 되었다.

'아이를 키우는 시기가 영적 침체기가 아니라 영적 부흥기가 되게 하옵소서. 청년 때 누렸던 영적 부흥의 갑절을 주옵소서.'

결혼 전 청년의 때, 나의 유일한 기도 제목은 '하나님을 더욱 경험하는 것'이었다. 오직 하나님을 더욱 알고 경험하는 것에만 관심이 있었다. 나의 예배는 뜨거웠다. 나의 몸을 드릴 듯이 온몸으로 찬양하며 하나님께 경배를 드렸다. 말씀을 들을 때마다 눈물이 쏟아지지 않을 때가 없었다.

그 당시에 기도회에서 기도하고 있는데 옆에 앉아 있던 언니를 위해 기도해주라는 감동을 주셔서 언니를 위해 기도해줄 때 하나님께서 언니의 아픔을 보여주시고 언니를 위해 기도할 것들을 말씀해주셨다. 나의 관심이 오직 하나님께 집중되어 있으니 이처럼 하나님께서 내게 당신의 마음과 생각을 보여주실 때가 많았다.

그 뜨거웠던 마음으로 결혼을 하고 남편이 사역하는 서울의 작은 교회로 갔을 때 일일 수련회가 있었다. 담임목사님이 새내기 사모였던 나에게도 성도님들에게 손을 얹고 기도해주라고 하셔서 한 분씩 마음을 다해 기도해드렸다.

그런데 그다음 날, 어느 권사님이 "사모님이 기도해주셔서 오랫동안 아프던 어깨가 풀어지고 나았다"라는 말씀을 하셨다. 나는 놀라울 뿐이었다. 하나님을 향한 간절한 갈망에 사람을 치료하는 역사도 일어나게 해주셨던 것이다. 정말로 이때는 나의 영적 부흥의 때였다. 그런데 나는 그때 누렸던 부흥의 갑절을 구했다.

어느 날은 세이를 업고 금요철야예배를 가는데 비록 아이가 있지만 아이가 없던 청년의 때처럼 처음부터 끝까지 예배에 집중하고 싶은 마음이 생겨났다. 그래서 찬양 때부터 세이를 업고 일어서서 찬양하고, 잠든 아이를 내려놓지 않고 업은 채로 집중해서 말씀을 듣고, 아이가 깰까 봐 조마조마하는 마음 없이 아이를 계속 업고 눈물로 집중해서 기도했다.

그렇게 한 2시간 반 정도를 업고 있었던 것 같다. 집에 와서 세이를 눕히고 씻고 정리한 다음 나도 자려고 누웠다. 눕자마자 고되었던 육체는 끙끙댔지만, 내 마음은 아직도 예배의 감격이 가시지 않은 듯 승리의 축제를 이어가고 있었다.

'하나님, 저 오늘 청년 때처럼 처음부터 끝까지 집중해서 예배드렸어요. 비록 온몸이 쑤시고 아프지만 너무 기뻐요! 정말 기뻐요!'

엄마의 사모함을 아이들도 안다

아이들이 하나둘씩 늘어가서 예배에 집중하기 힘든 순간도 있었지만, 다른 건 몰라도 예배 때만큼은 엄격하게 했다. 매를 앞에 놓고, 돌아다니려고 하거나 예배에 방해되는 행동을 하려고 할 때는 언제든지 매로 다스리려고 했다.

그런데 신기하게도 아이들이 알았다. 어머니가 얼마나 하나님을 갈망하는지. 어머니는 예배의 은혜 없이는 살 수 없는 사람이라는 것을…. 특히 금요철야 같은 경우에는 찬양과 설교 시간까지는 아이들이 깨어 있더라도, 기도회로 넘어가는 시간에는 아이들을 다 자게 했다. 그러면 잠이 안 오는 것 같아도 아이들이 '우리 엄마는 기도해야 사는 사람이지'라고 생각하며 나를 위해 자주는 것 같은 느낌을 받을 때도 있었다.

아이들이 보았다. 눈물을 흘리며 한 손도 모자라 두 손을 흔들며 마음을 다해 찬양하는 어미의 모습을…. 자모실 유리벽을 뚫고 본당으로 뛰어 들어갈 것처럼 유리벽에 붙어서 집중해서 말씀을 들으려는 어미의 모습을…. 육아에 찌들어 시든 꽃처럼 생기 없던 어머니가 1시간의 예배를 드린 후 화사하게 피어난 꽃처럼 변하는 모습을….

다섯째까지 유치부에 갈 나이가 되었고, 막내만 데리고 주일예배를 드릴 때 막내가 4개월 때까지는 울면 속싸개로 가려서 수유하고 달래며 본당에서 예배드릴 수 있었는데 그 이후가 되니 소리를 내서 본당에서 예배를 드릴 수가 없었다. 또다시 자모실로 향해야만 했고 그렇게 막내가 돌이 되었을 즈음, 아이를 젖먹이며 재우고 있는데 눈물이 흘렀다.

'하나님, 잘 아시죠? 저 예배 못 드리면 살 수가 없는 사람이라는 거…. 여섯 아이 키우며 자모실에서 10년을 있었는데 이제는 본당에서 예배드리고 싶어요. 하나님, 도와주세요. 11시 예배 때가 제이 낮잠 자는 시간이니 교회에서도 예배 때 잘 자게 도와주세요.'

하나님은 정말 작은 신음에도 응답하는 분이시다. 기도를 올려드린 그다음 주부터 믿음으로 제이를 데리고 본당으로 들어갔다. 그리고 찬양 때 뒤쪽에서 유모차를 끌며 재우기도 하고, 안 되면 업어서 재우기도 했다. 대부분 제이는 찬양이 끝나기 전에 잠이 들었고, 그 이후로는 유모차에 제이를 눕히고 집중해서 은혜의 예배를 드릴 수 있었다.

좀 더 커서는 자지 않더라도 내 품에 안겨 예배에 방해되지 않게 조용히 잘 있곤 했다. 이렇게 예배 때 잘 자고 잘 있는 아이는 처음이라고 몇몇 분들이 신기해하셨다. 나는 빙긋이 웃을 뿐이었지만, 마음속으로는 '하나님, 최고! 감사합니다!'라고 말씀드렸다.

사모하는 자에게 만족을 주시는 하나님

지금은 초등부 교사로 섬겨야 해서 여섯 아이와 다 함께 1부 예배를 드리고 있는데 쉽지 않을 때도 있지만. 여전히 내게 하나님은 사모하는 자에게 만족을 주시는 하나님이요 주린 영혼에게 좋은 것으로 채워주시는 좋으신 하나님이다.

이 땅의 모든 엄마들에게 외치고 싶다.

"아무리 아이를 데리고 예배를 드려야 하는 힘든 상황에서도 하나님의 은혜를 사모하는 마음만은 잃지 마세요! 기대함 없이 예배에 나오지 마세요."

지금까지 여섯 아이를 키워오면서, 아이를 키우는 시기는 인생의 어느 때보다도 하나님과 친밀해야 하며 영적으로 침체되어서는 안 된다고 생각한다. 다른 일도 아니고 사람을 키우는 일이기에, 이 아이를 창조하시고 이 아이에 대한 계획을 갖고 계신 하나님과 가깝지 않고는, 하나님께 묻지 않고는, 하나님께서 부어주시는 지혜와 사랑이 없이는 불가능하기 때문이다.

나는 꿈을 꾼다. 모든 교회의 자모실에서 영적 부흥이 일어나기를. 아이를 들쳐 업고도 뜨거운 눈물을 흘리며 찬양하는 엄마들, 아이를 달래가면서 어떻게든 한 말씀도 놓치지 않으려고 집중해서 말씀을 들으려고 애를 쓰는 엄마들, 예배 가운데 한 주를 살아갈 힘을 얻고 그 힘으로 아이들을 사랑으로 양육하며 승리하는 엄마들로 자모실이 넘쳐나기를 기도한다.

꿈을 주시다

나는 어릴 적부터 꿈이 없었다. 방송국 PD나 아나운서가 되고 싶기도 했고 선생님이 되고 싶기도 했지만, 그 꿈만 생각하면 가슴이 뛰거나 나의 한계를 뛰어넘어가며 도전하고 싶은 그런 꿈은 아니었다. 그러고 보면 꿈이 아니라 단순한 소원 정도였는지도 모르겠다.

주변 사람들에게 "결혼을 하고 아이를 낳으면 있던 꿈도 사라진다"라는 말을 들어왔다. 그런데 나에게는 그 반대의 일이 생겼다. 엄마가 되기 전에는 꿈이 없었는데 엄마가 되고 아이를 낳고 키우면서 하나님은 나에게 생각만 해도 가슴 뛰는 꿈을 주셨다.

두 아이의 엄마가 된 서른 살의 어느 금요기도회에서 그날도 주님을 구하며 눈물로 뜨겁게 기도하고 있었다. 그런데 갑자기 나의 기도 중에 내가 이렇게 아뢰고 있었다.

"하나님, 제가 30대에는 부지런히 자녀를 많이 낳아서 말씀과 기도로 잘 키우고, 40대에는 이 땅의 모든 엄마를 사명자로 세우는 데 헌신하게 해주세요."

지금도 내가 어떻게 해서 이런 기도를 드렸는지 알 수는 없지만, 이 기도를 통해서 하나님은 나에게 '엄마들을 살리는' 꿈을 주셨다.

이렇게 기도했다고 해서 곧바로 무언가가 변하고 그랬던 것은 아니었다. 30살 때 그렇게 기도하고 난 후, 아이들 넷을 더 낳고 품었고 아이들을 키우느라 정신없는 세월의 연속이었다. 계속되는 육아로 꿈도 잊힌 듯했는데 여섯째를 낳고 키우면서 잊고 있었던 꿈들이 생각나게 하셨다.

기도하려고 눈을 감으면, 많은 엄마들이 모인 자리에서 내가 지난 나의 삶을 간증하고 기도회를 인도하는 모습이 떠올랐다. 엄마들에게 눈물로 호소하며 "하나님 앞에서 더 이상 감추지 마세요. 더 이상 아무렇지 않은 척하지 마세요. 힘들면 힘들다고 우세요. 무엇 때문에 마음이 아프면 이것 때문에 마음이 아프다고 말씀드리세요. 모르면 모르겠다고 말씀드리세요. 내 배 아파 낳은 자식인데도 도저히 사랑하지 못한다면 사랑하지 못하겠다고, 사랑하게 해달라고 우세요"라고 외치는 내 모습이 현실처럼 눈앞에 그려졌다. 그러면 가슴이 너무도 뜨거워져서 주체할 수가 없었다.

그런데 참으로 이상하게도 내가 나 자신의 밑바닥 모습으로 고통스러워할 때도 하나님은 이런 장면을 보여주셨다. 내가 성령충만 할 때는 모르겠지만, 지금 내가 내 추악한 모습 때문에 신음하고 있는데 무슨 꿈이란 말인가? 면목 없지만, 너무도 염치없지만 회개기도를 드리려고 눈을 감았는데 하나님께서 또 이런 장면을 보여주셨다. 나는 속으로 이렇게 말씀드렸다.

'하나님, 왜 이러세요. 자꾸 왜 이러세요. 저 좀 보세요. 제가 이 지경인데 제가 감히 어떻게 그런 꿈을 꿀 수 있어요?'

그때 하나님은 내게 구체적인 한 가지를 말씀하셨다. 책을 쓰라고….

몇 년 전에 카카오스토리나 페이스북을 할 때 감동을 주실 때마다 글을 올렸는데, 글을 올릴 때마다 주변의 반응이 좋았다. 글이 진솔하면서도 따뜻하고 감동이 되고 하나님께로 나아가고 싶은 마음이 들게 한다는 등의 좋은 말씀을 많이 해주셨고 꼭 책으로 내라는 권면도 몇 번이나 받았기에 언젠가는 책을 써야겠다는 생각은 있었다.

하지만 나를 바라보면 자신이 없었고, 지금껏 여섯 아이 키운 것 외엔 아무 내세울 것 없는 내가 정말로 책을 출판할 수 있을지 자신이 없었다. 그래서 조금씩 쓰다가 포기하고, 또 쓰다가 포기하고를 반복하고 있던 어느 날, 주일예배 때 하나님께서 나에게 강하게 말씀하셨다.

"내가 쓰겠다고 하면 쓰는 거야. 네가 완벽해서가 아니라 내가 이 사람을 사용해야겠다고 하면 쓰는 거야. 너는 지난날 네가 얼마나 무지했는지, 네가 얼마나 약했는지, 네가 얼마나 절망했는지를 쓰거라. 그리고 그 가운데서 어떻게 내가 역사했는지, 어떻게 네게 힘과 소망을 주었는지를 쓰거라. 그것이 네가 할 일이란다."

너무도 분명한 하나님의 음성을 듣고 그 이후로는 흔들림 없이 계속해서 썼고 이 순간까지 왔다. 저자의 이력과 프로필에 여섯 아이의 엄마라는 것 외에는 쓸 것이 없는 평범한 나이지만 하나님께서 하라 하신 것이니 주님께서 길을 내시고 인도하시리라 믿는다.

글을 써가며 기도할 때마다 눈물로 하나님께 말씀드렸다.

"아버지, 제가 말씀하신 대로 책을 쓰고 있는데요, 제 글이 많은 엄마들을 살리는 생명의 도구가 되게 해주세요. 저와 같은 바보 엄마들이 아무리 무지해도, 아무리 가난해도, 아무리 약해도, 아무리 절망스러워도 하나님이 살아 계시다는 것을 깨닫고 소망의 자리로 나아가게 해주세요. 하나님의 감동으로 쓰인 성경처럼, 제게 성령의 감동하심을 부어주셔서 이 시대의 엄마들에게 하나님께서 하고자 하시는 말씀이 온전히 적히게 해주세요."

또 다른 바보 엄마들을 살리는 비전

다섯째 입양을 앞두고 입양부모교육을 받으러 대구 대한사회복지회 혜림원으로 갔다. 강의 시작 전, 혜림원에 있던 미혼모들의 사진을 담은 영상을 보여줘서 다른 분들과 마찬가지로 별생각 없이 영상을 보고 있었는데 갑자기 입을 틀어막아야 하는 울음이 터졌다. 나도 내가 왜 그렇게까지 울었는지 알 수는 없지만 그냥 눈물이 주르륵 흐르는 정도가 아니고 복받쳐 오르는 울음을 어찌할 수 없어서 소리를 내지 않기 위해서 온 힘을 다해 입을 틀어막아야 했다.

영상 속 사진에서 엄마들이 태교를 위해서 배냇저고리를 만들고 태중(胎中)의 아가에게 마지막 편지를 썼는데, "끝까지 지켜주지 못해서 미안해" 등의 고백을 담은 사진들을 보면서 내 마음에 하나님의 긍휼함이 부어졌다. 한 번도 깊이 생각해보지 못했던 미혼모들을 하나님의 시선으로 바라볼 수 있었다.

보통 임신을 하면 남편에게나 가족들에게 먹고 싶은 것도 이야기하고, 출산할 때는 남편과 가족들이 곁을 지켜주기도 하는데 그 모든 것을 누리지 못했을 엄마들이 너무도 안쓰러웠다.

임신 사실을 알았을 때 얼마나 두려웠을까? 임산부가 되었는데도 임산부만이 누릴 수 있는 것들을 누리지도 못하고 얼마나 가슴 졸이며 그 시간을 보냈을까? 출산할 때 남편의 안정되고 따뜻한 보호가 필요할 텐데 아무도 축하해주지 않는 그 냉랭함 속에서 어떻게 진통을 견뎌내며 아기를 낳았을까? 아기를 낳고 입양을 보내며 평생 지워지지 않는 그 출산의 흔적들 가운데서 앞날을 어떻게 살아갈까?

하나님께서 내게 이런 울음을 주시지 않았다면 나는 지금도 미혼모들에 대해서는 부정적으로, 그리고 입양 아이들에 대해서는 버려진 아이들이라고 생각했을지 모른다. 물론 매스컴에서 혀를 내두를 미혼모들에 대한 소식들도 들려오지만, 그것이 전부가 아니라는 것을 깨달았다.

임신 사실을 알았을 때 보통 낙태를 선택할 수 있겠지만, 그렇게 하지 않고 아이를 열 달 동안 품고 그 해산의 고통을 거쳐 출산한 엄마들…. 그리고 입양특례법 이후 친생모의 호적에 아이를 올리고 출생신고를 해야만 입양을 보낼 수 있는데 본인이 그 아이의 엄마였음을 남기는 흔적도 감내하고 정당한 입양 절차를 거쳐서 더 나은 환경의 가정에서 건강하게 잘 자라기를 바라며 입양을 보내는 엄마들…. 그 미혼모들은 정말 엄마였다.

그 일이 있고 난 후, 셋째 태이가 6살 되던 해에 가끔 "저도 어머니 배 속에서 태어났어요?"라고 종종 물었었다. 입양 사실을 숨길 생각은 없었지만 너무 분주한 상황 속에서 물어온 태이의 질문에 "아니"라고 대답해줄 수가 없었다. 그래서 어중간하게 "어, 어…"라고 정신없이 대답하곤 했다.

그런데 어느 날 저녁에 모두가 씻고 한가롭게 자유시간을 보내고 있는데 태이가 또 물어왔다.

"어머니, 저도 어머니 배 속에서 태어났어요?"

더 이상은 숨겨서는 안 되겠다 싶어서 태이에게 사실대로 말해주었다.

"태이야, 사실은… 태이는 어머니 배 속에서 태어나지는 않았어. 태이는 다른 엄마 배 속에서 태어났는데, 태이 낳아준 엄마가 태이를 키울 수 있는 상황이 아니어서 태이를 잘 키워줄 수 있는 엄마아빠한테 태이를 보낸 거야. 그리고 하나님은 태이가 예수님 믿는 우리 가정에 올 수 있도록 해주셨어. 태이가 어머니 배 속에서 안 태어났다고 하니까 마음이 슬퍼?"

태이가 슬픈 표정으로 고개를 끄덕였다.

"태이야, 그래도 태이 낳아주신 엄마는 태이 보내고 계속 기도하고 계실 거야. 태이가 잘 자라도록. 그리고 어머니는 태이를 낳지는 않았지만 태이가 어머니의 아들이어서 너무 감사해."

태이가 안쓰러워서 꼭 안아주고 기도해주었다. 그러고 난 후 태이가 거실로 나가면서 형들에게 이렇게 말하는 것을 들었다.

"날 낳아준 엄마는 지금도 날 위해서 기도하고 있대."

물론 이것은 사실이 아닐 수도 있다. 나중에는 이것은 어머니의 생각이었다고 말해줘야겠지만, 태이를 낳아준 어머니에 대해서 긍정적으로 얘기해줄 수 있어서 감사했다. 태이는 결코 버려진 아이가 아니고, 태이 엄마도 태이를 버린 것이 아니고 잘 키워달라고 부탁한 것이라고 믿고 있다.

미혼모 중에서 입양을 보내지 않고 혼자의 힘으로 아이를 키워내는 엄마들도 생각보다 많이 있다는 것을 알게 되었다. 경제적으로 자립할 수 있는 다양한 기술을 배워서 일을 하며 아이를 키우는 엄마들….

아직 어린 나이에 결혼을 통한 정상적인 가정을 꾸리는 것도 포기한 채 아이를 끝까지 지키려고 엄마로서 삶을 사는 그들이 대단해 보였다. 가족들도 등을 돌리고 사회의 시선이 싸늘함에도 엄마로서의 삶을 선택한 그들을 응원해주고 싶은 마음이 들었다.

더 힘든 엄마들이 너무나 많다

몇 년 전, 대학 친구 남편의 사고 소식을 접하게 되었는데 나에게
도 너무 큰 충격이었다. 둘째 막내가 갓 돌이 지난 때에 남편을 잃
은 친구가 혼자 어떻게 두 아이를 키울까 싶어 마음이 찢어지는 듯
이 아파서 울며 기도했다.

그런 후에 남편이 사역하러 나가고 나 혼자 여섯 아이 돌본다고
힘들 때면 불평하고 힘겨워하는 나 자신을 향해서 이렇게 외칠 때
도 많았다.

"뭐가 힘들어! 넌 얼마 있으면 남편이 오지만 남편 없이 혼자 아
이들을 키우는 엄마들도 있어. 혼자 돈도 벌어야 되고 일도 하면서
아이를 키우는 엄마들도 있어! 그 엄마들을 생각해봐!"

나보다 더 힘든 상황에 있는 엄마들을 생각하니 정신이 번쩍 들
었다.

막내를 집에서 출산하고 최소한의 몸조리를 위해 2주 동안 말레
이시아에 있는 산후조리원에 들어갔었다. 이 나라는 중국계 말레이
시아 사람들이 많아서 중국 스타일의 산후조리원들이 있었다.

조리원에 있으면서 한 엄마를 보게 되었다. 뽀얀 피부에 얼굴도
참 예쁘게 생긴 엄마였다. 그런데 처음에는 별로 이상한 것을 느끼
지 못했는데, 어느 날 보니 그 엄마의 방문자로 온 가족들이 모두

수화로 대화하고 있었다. 그 엄마도, 그 엄마의 남편인 것 같은 남자분도, 부모님 같아 보이는 분들도 모두 수화로 대화했다. 그제서야 알게 되었다. 왜 그동안 복도에서 마주칠 때마다 내가 말로 인사를 해도 못 들은 척했는지.

막내 제이를 방으로 데려가려고 신생아실에 갔는데 그 농아 엄마가 아이들 분유 먹은 양이나 기저귀 갈은 횟수 등을 기록한 차트만 계속해서 보고 있었다. 아이에 대해서 궁금한 게 있어도 신생아실 선생님들한테 말을 할 수 없으니 기록된 차트지만 볼 수밖에 없는 그 엄마의 답답함이 내게도 전해져 눈물이 났다.

그 당시 나는 조리원에서 '이제 여기서 나가면 여섯 아이 앞으로 어떻게 키우나' 걱정되는 힘든 마음이 있었는데 그 엄마를 보는 순간 이런 고백이 나왔다.

'난 들을 수 있잖아. 난 말할 수 있잖아. 듣고 말할 수 있는데 뭐가 문제야. 저 엄마는 아기가 우는 걸 들을 수도 없고, 아이가 말하는 걸 들을 수도 없고, 우는 아이를 달래기 위해 노래를 불러주거나 다독거리는 말을 할 수도 없는데 아이를 키워야 하잖아. 얼마나 힘들까… 얼마나 답답할까… 앞으로 아이를 어떻게 키워낼까….'

진량에서 살 때, 우리 아파트에 시각장애인 엄마가 있었다. 대여섯 살 된 아들이 있었는데 그 아들도 안경을 쓰고 시력이 좋지 않아 보였다. 그 엄마는 주로 도우미 아줌마와 함께 있는 경우가 많았는데 아이가 유치원에서 돌아올 시간이 되면 정해진 자리에 가서 아이를 기다리곤 하였다. 아들이 내리면 손으로 더듬거리며 아들을 챙겨 집으로 돌아가는 모습을 종종 보았는데 그럴 때마다 마음이 많이 아팠다.

'시각장애인으로 아이를 키우는 삶은 어떨까? 앞을 보지 못하는데 어떻게 아이를 키울까? 요리는 어떻게 할까? 아이는 어떻게 씻길까? 아이가 상처가 나거나 다치면, 보지 못하는데 어떻게 치료할까? 얼마나 답답할까?'

보지 못해도 아이들을 키워내는 엄마들이 너무도 대단해 보였다. 그리고 팔이나 다리를 잃거나 소아마비로 장애인이 된 엄마들이 아이들을 키우는 모습을 매스컴에서 보게 될 때도 한편으로는 대단해 보이면서도 한편으로는 그들에 대한 긍휼함에 마음이 짠해왔다. 그리고 조금이라도 그 엄마들을 돕고 싶다는 마음이 생겼다.

일년 내내 더운 말레이시아에 살면서 가장 힘들 때는 전염병으로 아이들이 아플 때였다. 수족구, 성홍열, 독감, 로타바이러스 장염 등 무서운 전염병들이 항상 도는 편인데 우리 아이들은 한 아이만 걸려와도 금세 전염되어 여섯 아이가 다 앓고 나야 끝이 날 때가 한두 번이 아니었다. 한 아이가 나을 만하면 또 다른 아이가 아프고, 또 나을 만하면 또 시작되고를 반복하는 것이 최고의 고통 중의 하나였다.

그러나 몇 달 전, 수족구로 아이들이 차례로 아플 때 내게 이런 마음이 부어졌다.

'아이들이 많아서 전염도 잘 되고 한 달 내내 아픈 아이들 간호로 시달릴 때도 많지만, 이런 모든 질병은 끝이 있는 병이잖아. 일주일, 아니 길어봤자 2주일이면 아이가 나아서 학교도 가고 유치원도 가고 정상적인 생활을 하면 엄마도 간호가 끝인데 소아암이나 희귀병으로 언제가 끝이 될지를 알지 못한 채 병원 생활하고 있는 엄마들은 얼마나 힘들까?'

다른 욕심 없이 아이가 건강하기만을 소원하고 아이들이 뛰어다니며 놀기만을 기대할 그 엄마들의 마음이 전해져서 눈물이 났다. 하루 이틀도 아니고 그 긴 시간을 힘거운 병원 생활을 해야 할 그 엄마들의 힘듦이 전해져서 마음이 아팠다. 나는 힘들다고 불평할 것이 못 되었다. 아니, 그 엄마들을 생각하면 나는 힘들다고 말해선 안 되었다.

눈물로 눈물을 체휼하는 엄마들이 일어나길

나는 엄마가 되고 난 뒤 십여 년 동안 참 많이 울었다. 그 눈물들 속에서, 그 육아의 어려움 속에서 하나님은 내게 나보다 더 힘들게, 더 울면서 아이들을 키우는 엄마들에 대한 마음을 부어주셨다. 그리고 그 엄마들을 품게 하셨다. 그 엄마들을 조금이라도 돕고 살리고 싶은 마음을 주셨다.

책을 한창 쓰고 있던 어느 날, 새벽기도 때 이렇게 눈물로 기도했다.

'아버지, 정말 꿈만 같은 이야기지만 제 책이 많은 사람에게 읽히고 팔리게 되어 수익금이 생긴다면 1원도 제가 취하지 않을게요. 아직 어떻게 도와야 할지도 모르겠지만, 주님 주시는 지혜대로 그 수익금을 모두 그 엄마들을 돕는 데 꼭 사용하겠습니다. 하나님 도와주세요.'

가끔 이런 생각을 하게 된다.

'만약 내가 바보 엄마가 아니었다면, 눈물 없이는 아이들을 키울 수 없는 삶을 살지 않았다면 또 다른 눈물 흘리는 엄마들의 아픔을 헤아리며 돕고 싶은 마음을 가질 수 있었을까?'

바보 엄마의 마음은 바보 엄마가 가장 잘 알지 않을까. 그래서 아이를 키우는 이 시기에 나 혼자만의 힘듦을 넘어서 다른 엄마의 눈물을 볼 줄 알고, 눈물 흘리고 있는 이 땅의 엄마들에게 "나도 그 마음 안다"라고 말해주며 함께 키우자고 손 내미는 나와 같은 바보 엄마들이 일어나기를 소망한다.

바보 엄마에서 사명자로

규장출판사에 원고를 보내고 답변을 기다리던 어느 날, 내 안에
'아무리 해도 이것은 불가능한 일이 아닐까'라는 생각이 들어서 온
종일 마음이 힘들었다. 그래서 저녁 먹은 것 다 정리하고 아이들과
남편이 산책 간 사이에 혼자 방에 들어와서는 기도를 시작했다.

한마디를 꺼내자마자 눈물이 하염없이 쏟아졌다. 내가 할 수 있
는 일이라고는 금식하며 고픈 배를 붙잡고 기도하는 것밖엔 없었
다. 그렇게 낙심과 걱정으로 시작한 기도가 감사의 기도로 마무리
되고 있었다. 엉엉 울며 나는 이렇게 고백했다.

"하나님, 지금까지만이라도 참 감사했습니다. 지금까지의 제 삶
이 책 한 권으로 쓰일 만큼의 은혜와 기적을 베풀어주신 것, 그것만
으로도 전 감사합니다. 10년이 넘게 매일같이 아이들 똥기저귀 갈
고 수유하고 업고 재우고 돌보고 이런 일만 하게 하시다가, 제가
마치 작가가 된 것처럼 노트북을 열고 글을 쓰며 어깨가 으쓱해지
고 멋져 보이는 이런 일도 하게 해주셔서 그것만으로도 너무 행복

했습니다. 제 삶에서 이렇게 출판 의뢰도 해보고, 이런 경험이 있게 해주신 것만으로도 너무 감사했습니다."

그로부터 한 달이 넘은 어느 날, "권미나 선교사님, 규장입니다"라는 제목의 메일이 왔다. 검토와 기도 끝에 원고를 출간하기로 했다는 내용이었다.

할렐루야! 우리 하나님은 참으로 광야에 길을 내고 사막에 강을 만드는 분이셨다. 세상의 논리와 상관없이 일하시는 분이셨다. 하나님께는 학력도, 경력도, 이력도, 직함도 중요하지 않았다. 나의 출판 소식을 들은 분들은 하나같이 "대박!", "기적!", "정말 하나님은 살아계시네요!"라는 반응을 보였다.

바보 엄마의 꿈을 바라는 것들의 실상으로

원고를 보내놓고 답변을 기다리는 동안 놀랍게 경험한 말씀이 있다.

믿음은 바라는 것들의 실상이요 보이지 않는 것들의 증거니 히 11:1

셀 수 없을 만큼 많이, 잠들기 전에나 틈날 때마다 상상하고 꿈을 꾸며 내 이름 석 자가 찍힌 책을 그려보고 또 만져보았다. 이 책을 읽으며 함께 웃고 우는 엄마들을 수없이 그려보았다. 그리고 이 책의 마지막 페이지를 넘기고 난 뒤 눈물로 하나님께 기도하며 나아가는 엄마들을 기대하고 또 기대했다. 그것은 내게 믿음이었다. 하나님께서 천한 나를 사용하셔서 수많은 사람을 세우고 일으키고 살리실 것을 믿는 믿음이었다.

내가 30세 때, 하나님은 내 기도 중에 찾아오셔서 "30대에는 부지런히 자녀를 많이 낳아서 말씀과 기도로 잘 키우고, 40대에는 이 땅의 모든 엄마를 사명자로 세우는 데 헌신하게 해주세요"라고 기도하게 하셨다. 그리고 이제 내가 39세가 되니 책을 출판하게 하시면서 내게 주신 꿈을 이루어가고 계신다.

바보 엄마의 눈물을 은사와 위로로

나는 지금도 바보 엄마이다. 주님의 지혜와 도우심이 없이는 내게 맡겨주신 아이들을 잘 양육할 수 없는 그런 자이다. 하지만 나는 주님의 전적인 은혜로, 눈물 흘리는 또 다른 엄마들을 살리는 '사명이 있는 바보 엄마'가 되었다. 하나님은 그토록 울고 울었던 내 눈물이 은사가 되게 하셨다. 울어본 자만이 우는 자를 위로할 수 있고, 아파본 자만이 아픈 자를 품을 수 있지 않은가.

얼마 전 늦둥이 셋째를 낳은 집사님이 나를 집으로 초대해주셨다. 함께 이런저런 얘기를 나누고 있었는데 집사님이 눈물을 글썽이며 이런 고백을 하셨다.

"사모님, 제가 셋째를 낳기 전에는 몰랐는데 제가 셋째를 임신하고 낳고 키우다 보니 사모님 생각이 많이 났어요. 지금까지 여섯 아이를 그렇게 키우시면서 얼마나 힘드셨을까요. 그런데도 저는 사모님께 뭐 하나 제대로 해드리지도 못하고 너무 죄송했어요."

집사님의 이야기를 나도 눈물을 흘리며 들었다. 그리고 집사님은 힘들더라도 여섯을 키우고 있는 나를 보며 '나는 아이가 셋이라서 힘든 것도 아니야'라고 생각한다고 하셨다. 앞으로도 내 삶이 누군 가에게 위로가 될 수 있다면, 힘든 삶을 덜 힘든 삶으로 여기며 살 아갈 수 있게 한다면 얼마나 감사할까.

이 땅의 바보 엄마들을 사명자로 세워주소서

나는 내게 주신 사명을 따라 날마다 꿈을 꾼다. 자신의 무지함과 약함, 절망으로 신음하고 울던 엄마들이 하나님을 간절히 붙듦으 로 하나님의 놀라운 지혜와 크신 능력을 경험하며 춤추고 노래하 는 것을.

아이를 낳지 않으려는 시대를 거슬러 하나님께서 원하신다면 믿 음의 경건한 후손들을 많이 낳아 생육하고 번성하는 엄마들이 일어나기를. 부모 된 삶에서 단 한 명의 고아라도 그 아픔을 함께 품고 내가 받은 예수님의 사랑을 흘러보낼 엄마들이 생겨나기를.

　내게 맡겨주신 자녀들에게 말씀을 먹이고 신앙을 전수하는 엄마들이 일어나기를. 주변에 울고 있는 엄마들의 손을 잡아주며 함께 가자고 일으키는 엄마들이 많아지기를….

　"주여, 이 땅의 모든 바보 엄마들을 사명자로 세워주시옵소서!"

바보 엄마

초판 1쇄 발행	2020년 4월 27일
초판 7쇄 발행	2023년 5월 12일

지은이 권미나

펴낸이 여진구
책임편집 최현수
편집 이영주 박소영 안수경 김도연 김아진 정아혜
책임디자인 조은혜 노지현 | 마영애 이하은
홍보 · 외서 진효지
마케팅 김상순 강성민 　　　　　　**마케팅지원** 최영배 정나영
제작 조영석 　　　　　　**경영지원** 김혜경 김경희 이지수

303비전성경암송학교 유니게 과정 박정숙
이슬비전도학교 / 303비전성경암송학교 / 303비전꿈나무장학회

펴낸곳 규장

주소 06770 서울시 서초구 매헌로 16길 20(양재2동) 규장선교센터
전화 02)578-0003 　**팩스** 02)578-7332
이메일 kyujang0691@gmail.com 　　　홈페이지 www.kyujang.com
페이스북 facebook.com/kyujangbook 　　　인스타그램 instagram.com/kyujang_com
카카오스토리 story.kakao.com/kyujangbook
등록일 1978.8.14. 제1-22

책값 뒤표지에 있습니다.
ISBN 979-11-6504-078-9 03230

규 | 장 | 수 | 칙

1. 기도로 기획하고 기도로 제작한다.
2. 오직 그리스도의 성품을 사모하는 독자가 원하고 필요로 하는 책만을 출판한다.
3. 한 활자 한 문장에 온 정성을 쏟는다.
4. 성실과 정확을 생명으로 삼고 일한다.
5. 긍정적이며 적극적인 신앙과 신행일치에의 안내자의 사명을 다한다.
6. 충고와 조언을 항상 감사로 경청한다.
7. 지상목표는 문서선교에 있다.

하나님을 사랑하는 자 곧 그의 뜻대로 부르심을 입은 자들에게는 모든 것이 合力하여 善을 이루느니라(롬 8:28)

규장은 문서를 통해 복음전파와 신앙교육에 주력하는 국제적 출판사들의 협의체인 복음주의출판협회(E.C.P.A:Evangelical Christian Publishers Association)의 출판정신에 동참하는 회원(Associate Member)입니다.